江苏省中小学教学研究 2021 年度第十四期课题 "'会诊':融合教育协同指导模式的构建研究"（课题编号 2021JY14-ZB29）
2022 年苏州教育改革和发展战略性与政策性课题 "'会诊':融合教育协同指导模式的构建研究"（课题编号 SZKT202203）

"会诊"：融合教育协同指导的实践研究

王双全　陈　茜　木冬冬　等　著

苏州大学出版社

图书在版编目(CIP)数据

"会诊":融合教育协同指导的实践研究 / 王双全等著. -- 苏州:苏州大学出版社,2023.9
ISBN 978-7-5672-4555-6

Ⅰ.①会… Ⅱ.①王… Ⅲ.①特殊教育-研究-中国 Ⅳ.①G769.2

中国国家版本馆 CIP 数据核字(2023)第 175198 号

书　　名	"会诊":融合教育协同指导的实践研究
	"HUIZHEN":RONGHE JIAOYU XIETONG ZHIDAO DE SHIJIAN YANJIU
著　　者	王双全　陈　茜　木冬冬　等
责任编辑	金莉莉
装帧设计	刘　俊
出版发行	苏州大学出版社(Soochow University Press)
社　　址	苏州市十梓街 1 号　邮编:215006
印　　刷	苏州市深广印刷有限公司
邮购热线	0512-67480030
销售热线	0512-67481020
开　　本	700 mm×1 000 mm　1/16　印张:11.5　字数:207 千
版　　次	2023 年 9 月第 1 版
印　　次	2023 年 9 月第 1 次印刷
书　　号	ISBN 978-7-5672-4555-6
定　　价	55.00 元

图书若有印装错误,本社负责调换
苏州大学出版社营销部　电话:0512-67481020
苏州大学出版社网址　http://www.sudapress.com
苏州大学出版社邮箱　sdcbs@suda.edu.cn

序

　　融合教育已经迈入以提升质量为核心目标的发展阶段，对参与其中的普通学校和特殊教育需要儿童的有效指导和支持非常重要。融合教育的开展不能靠单打独斗，而是要通过集体的力量解决个体困境。特殊教育需要儿童的教育是不同主体参与实施的，因而明确的分工与合作是有效推进融合教育的前提。

　　在融合教育高质量发展的背景下，做好巡回指导工作显得尤为重要。苏州一直在先行先试深入推进融合教育，在巡回指导工作上更是首次提出了"融合教育协同指导"概念。那么就需要厘清几个问题：融合教育为什么需要协同指导？协同指导的对象是谁？协同指导解决什么问题？由谁参与融合教育协同指导？融合教育协同指导团队的成员需要做什么？如何保障融合教育协同指导的有效性？

　　在我看来，融合教育协同指导面对的对象是特殊教育需要儿童，是普通教育的学科教师，同时还有各融合教育学校的管理者。融合教育协同指导需要解决特殊教育需要儿童发展的相关核心问题，如评估、安置、个别化教育、康复等；需要解决学科教师的教学问题，如课程调整、差异教学、个别化教学评价等；需要解决融合教育学校的建设问题，如资源教室运行、融合学校文化、学校无障碍环境建设等。归根结底，融合教育协同指导，需要解决的是融合教育的质量问题。融合教育协同指导的主体，在教育系统内部包含了巡回指导教师、资源教师、普特教研员等，在教育系统外部包含了医生、康复师、社工等。不同主体有其融合教育协同指导的不同职责，同时也有不同的协同和合作方式。建立有效的融合教育协同指导机制，需要成立融合教育协同指导团队，制定融合教育协同指导制度，提升融合教育协同指导团队专业化水平，在实践中总结并形成有效的运行机制，提升普通教育各方主体的积极性，并由协同指导走向合作推进。

　　融合教育协同指导模式的提出，是我国融合教育本土化发展态势下巡回指导工作模式改革升级的有益尝试,希望这本书能给各地融合教育巡回指导工作的开展提供一些参考和借鉴,从而将区域融合教育工作做真、做实,真正为特殊教育需要儿童的融合教育提供有效支持。

(南京特殊教育师范学院特殊教育学院院长、教授　李拉)

前　言

融合教育巡回指导是提升区域融合教育质量的重要保障，在专业支持方面发挥了重要作用。然而，国内尚未建立完善的巡回指导工作机制，在实践工作中面临诸多困境和挑战。困境与机遇同在，构建有效的融合教育巡回指导工作范式，协同融合教育多方主体共同参与特殊教育需要儿童的诊断、评估、教育、康复乃至终身发展，又是落实融合教育工作的一个重要机遇。

本书正是解决融合教育巡回指导关键难题、提高融合教育巡回指导工作有效性的有益尝试。通过厘清巡回指导教师的工作模式与巡回指导教师工作的主要问题，了解到缺乏时间、个案量等是影响巡回指导教师工作有效性的主要障碍。通过对特殊教育与普通教育多项内容的分析、比较与借鉴，可以科学、合理地提升在融合教育大背景下巡回指导教师的专业素养，努力培养优秀且高质量的融合教育师资队伍。基于巡回指导工作的内容概况，以支持服务特殊教育需要儿童为目标，可以分步、有序探索开展巡回指导工作的实施步骤。巡回指导工作质量是评价融合教育工作最为直接的指标，不仅能对当前融合教育实践的状况形成清晰的认识，还能为下阶段巡回指导工作的开展提供科学的依据。因此，巡回指导工作的评价应当树立教育公平、以人为本、注重发展的基本理念。

根据国内外关于巡回指导教师的培养情况可以得知，巡回指导教师培养应建立相应的从业资格考核体系。比如，我国台湾地区要求巡回指导教师具备对应障碍类别的知识，只有通过相关岗前培训和考核才能获取相应的巡回指导教师资格。苏州市各区域根据地域特点形成了巡回指导教师队伍建设的具体举措。

通过不断实践，我们认识到，巡回指导团队之间应建立相应的协同机制，如通过巡回指导教师与培智学校骨干团队协作，实现了特殊教育资源的推广；各区域之间通过研究一两个障碍类型，对十个区域的障碍类型进行协同巡回指导，实现了区域共建、共巡的巡回指导教师共同体建设。在以上经验的基础上，研究团队逐步探索出以"会诊"为主要特色的融合教育协同指导模式，进一步搞清楚了融合教育协同指导的理论、背景和现状。融合教育协同指导模式的构建基于融合教育的学术基础，也结合了协同理论的框架，此模式旨在解决目前融合教育巡回指导过程中面临的问题，结合苏州市融合教育发展的背景与巡回指导教师队伍建设的基础进行分析，最后结合苏州市A、B、C、D四区的现状调查，分析融合教育的协同现状。融合教育协同指导联盟的成立，旨在通过联盟活动、协同指导、协同调研、业务指导、教研成果推广等途径，充分发挥联盟成员的专业引领作用。最后，通过医教康协同指导、孤独症融合教育协同指导、家校融合协同指导、个案教学协同指导的实践情况进行分析，进一步明确融合教育协同指导的重要性和现实意义。

正值"十四五"特殊教育提升行动计划落实之际，为响应政策及实践对融合教育高质量发展的迫切需求，我们能感受到当前最迫切的就是把理念转化为行动，这是关系到融合教育协同指导是否能真正促进特殊教育需要学生高质量发展的关键环节。我们相信本书能够给予融合教育管理者及一线巡回指导教师一定的帮助，使他们将融合教育协同的理念内化于心，渗透到日常融合教育工作之中，真正实现让每个特殊教育需要儿童都有人生出彩的机会。

在本书的撰写过程中，苏州市各区域融合教育工作者提供了大量的帮助，其中刘嫣静、谈玉芬、刘峰（姑苏区特殊教育学校），孟春芳、洪燕（常熟市特殊教育学校），刘珊珊（相城区特殊教育学校）分别参与了绪论、第一章至第四章相应内容的整理工作。全书由王双全、陈茜、木冬冬等完成撰写和统稿工作。本书难免有疏漏与不当之处，敬请各位特殊教育同人批评指正！

目　录

绪论 / 001

　　第一节　巡回指导工作的起源与背景　/ 001
　　第二节　巡回指导工作模式与存在的问题　/ 004
　　结束语　/ 009

第一章　融合教育巡回指导工作：专业素养、实施步骤及评价 / 010

　　第一节　融合教育巡回指导教师的专业素养　/ 010
　　第二节　融合教育巡回指导工作的实施步骤　/ 017
　　第三节　巡回指导工作中个别化教育计划实施的步骤　/ 021
　　第四节　融合教育巡回指导工作的评价　/ 024
　　结束语　/ 042

第二章　融合教育巡回指导教师的培养路径 / 043

　　第一节　国内外巡回指导教师的培养路径　/ 043
　　第二节　苏州市巡回指导教师的培养路径　/ 058
　　结束语　/ 081

第三章　"会诊"：融合教育协同指导模式 / 082

　　第一节　融合教育协同指导：理论、背景与现状　/ 082
　　第二节　"会诊"：融合教育协同指导模式制度　/ 097

第三节 "会诊"：融合教育协同指导模式实践 / 101
结束语 / 134

第四章 融合教育协同指导案例 / 135

案例一 融合如影随形 / 135

案例二 融合无痕，有爱无碍 / 139

案例三 和美西塘融合教育案例 / 143

案例四 学前听障儿童评估与课程实施案例 / 147

案例五 多元融合·三十年静"埭"花开
——一所乡镇小学30年的融合教育模式探索 / 150

案例六 常态教学环境下特殊学生融合案例 / 154

案例七 全域融合：让每一颗童星绽放生命的光彩 / 157

案例八 一起爱：构建特需儿童成长支持系统 / 161

案例九 声声慢，静待佳音
——一名语言发育迟缓幼儿的成长支持案例 / 164

参考文献 / 169

绪 论

第一节 巡回指导工作的起源与背景

一、融合教育与巡回指导教师

1994年,《萨拉曼卡宣言》明确提出了融合教育（Inclusion Education）的概念，倡议各国推进和发展融合教育。文件指出，所谓融合教育，是指教育应满足所有儿童的需要，每一所学校必须接受服务区域内的所有儿童入学，为这些儿童都能受到自身所需要的教育提供各种条件，并通过合适的课程、学校管理、资源利用及与所在社区的合作来确保教育质量。结合我国融合教育的背景及其实践经验，我国学者认为，融合教育是指国际范围内兴起的，以普通教育变革为核心，促进普通教育与特殊教育的融合，以满足所有特殊教育需要儿童（以下简称"特需儿童"）的教育需求为目标的教育改革运动。[①]

随着国家陆续出台多个相关政策，融合教育目前已成为我国各地特殊教育发展的重点，各地融合教育的支持体系也在不断建构中，其中包括政策支持、专业支持、师资支持、信息支持、装备支持、社会支持等支持系统，而师资则包括巡回指导教师、影子教师、资源教师等。

巡回指导模式已成为国际融合教育发展趋势。巡回指导教师（Itinerant Teacher，Visiting Teacher，Peripatetic Teacher）是指一种来往于各个普通学校，向特需儿童提供直接教学和咨询服务的专业人员。目前，国外巡回指导教师主要有视力障碍和听力障碍巡回指导教师。而我国巡回指导研究的服务对象主要集中在智力障碍、孤独症、多动症、发育迟缓等九大类发展障碍类型的学生。

在巡回直接服务方式中，巡回指导教师访问特需儿童的课堂，直接作用于实现个别化教育计划（Individualized Education Program，IEP）目标。

[①] 李拉. 融合教育学 [M]. 南京：南京大学出版社，2022.

巡回咨询方式是指巡回指导教师为特需儿童的普通教育老师或父母提供咨询和支持，尽管这种方式中的巡回指导教师可能与特需儿童互动，但其主要职责是指导相关教师实施 IEP。

从以上巡回指导教师的定义可知，巡回指导教师是融合教育资源之一，是实现高质量融合教育的一种手段。

巡回指导教师最早出现在 20 世纪 60 年代末的美国，主要职责是帮助加利福尼亚州北部偏远地区小型农村社区的启智班教师开展现场培训。巡回指导教师根据每个启智班的实际需求和愿望，与教学人员和非教学人员一起制订计划，并评估日常工作、安排日程和组织班级活动。他们还创造性地利用教室和社区资源，开发了亲职教育课程（针对家长的培训课程）。卡米拉·柯林斯（Camilla Collins）作为加利福尼亚州教育部学前教育项目局的 8 名顾问之一，她在莉莲·卡茨（Lillian Katz）和玛丽·韦（Mary Wei）的论文《帮助幼儿园教师：一份倡议书》中关注到了"巡回指导教师"这一角色。

巡回指导教师先在教室里观察一个上午，结束后和相关工作人员召开会议。会议成员包括园长、司机、厨师和指定的教学成员。在这次会议上，巡回指导教师希望工作人员分享他们对一周内所讨论的话题的感受，会后制订一周的计划，包括早上在启智班的常规活动、每天下午或晚上的会议。巡回指导教师认为自己是一名教师培训者，有义务提升普通教师的职业技能和开发他们的职业潜力。他试着对每门课进行评估，尽可能在一周内确定优势和劣势。

在巡回指导教师角色或职责方面，从原先的巡回指导教师的工作内容，可以看出巡回指导教师主要承担培训者的角色。而如今相关研究表明，巡回指导教师拥有评估者、直接教学者、咨询者、终身学习者、服务协调者、团队成员等多重身份，并且有相关文献对其各种角色做了相关的定义。[①] 在巡回指导教师支持学段方面，原先的巡回指导的学段起源于学前，而现在有文献研究巡回指导教师支持的学段，学段一般涉及学前、小学、初中和高中学段。

巡回指导教师这一角色自诞生之日起，对融合教育的发展起着关键作用，但是也和其他融合教育的师资角色存在定位不清、职责边界模糊的问题，这里以资源教师和影子教师为例。

---

① McWilliam, R. (2002). Three innovative evidence-based practices for individualizing inclusion. Paper presented at the OSEP National Early Childhood Conference, Washington, DC.

1. 资源教师与巡回指导教师

资源教师是融合教育教师中的一类，也是融合教育资源之一，是实现高质量融合教育的一种手段。资源教师向特需儿童提供直接的教学服务和咨询服务。资源教师与巡回指导教师的主要区别有以下两点：第一，资源教师不是去各个学校提供服务，而是服务于某一所特定学校；第二，资源教师服务于学校内的特需儿童。但是有一段时间，国外巡回指导教师服务的对象除了听障儿童和视障儿童，还有唐氏综合征儿童，不过随着资源教师的出现，国外巡回指导教师的主要服务对象回到了视障儿童和听障儿童。而在我国，资源教师的主要角色定位与国际资源教师的角色定位大体一致。但我国巡回指导教师的服务对象与国际上巡回指导教师的服务对象存在一定的区别。我国巡回指导教师的服务对象主要包括视力障碍、听力障碍、孤独症、发育迟缓、智力障碍、注意力缺陷多动症、情绪行为障碍等各类障碍类型的儿童。

2. 影子教师与巡回指导教师

影子教师是融合教育教师之一。有研究表明，在融合教育中孤独症儿童的适应性行为、功能性交流、社交技能、游戏技能和学业能力获得了一定的发展。但是，高质量的融合教育需要有效的支持系统，其中影子教师是很重要的一种方式。

影子教师在融合教育中向孤独症儿童提供一对一的指导，在教室做孤独症儿童的助手，在资源教室或者集体教室向孤独症儿童提供帮助，作为任课教师、家长、学校行政管理者和孤独症儿童的中介者，向儿童提供相关教学、行为、情绪等方面的服务。

影子教师在20世纪50年代出现在美国教室里，原先他们是因教师短缺而被当作向学生提供教育的一种补救方法，此后被大量雇用到教室里。随着影子教师人数的增加，逐渐有了一定的认证标准。《不让一个孩子掉队》法案对影子教师的标准做了修正：（1）影子老师必须完成至少两年的高等教育；（2）影子老师必须通过当地的教学、阅读、写作及数学学业知识测评。影子教师一般存在于特殊教育学校、普通学校特殊教室、普通学校普通教室。影子教师有团队影子老师和一对一影子老师两种类型。

目前，国内的影子教师数量也在逐渐地增加，影子教师培养计划的实施，打破了原有社会资源仅从可见的物质层面或不可见的精神层面的支持模式，新增了从专业层面和师资层面的支持模式，将社会资源的整合和利用向开发和利用转变，有效弥补了政府、学校和家庭在人、财、物各方面供给的不足。

在融合教育实践中，巡回指导教师有时会充当影子教师这一角色。当巡回指导教师在特需儿童班级向其提供非教学直接支持时，巡回指导教师承担了影子教师的角色。非教学直接支持内容包括提供社交支持、课堂支持、行为支持等内容。巡回指导教师可以转换到承担影子教师的角色，而影子教师暂时还不能承担巡回指导教师的角色。

第二节 巡回指导工作模式与存在的问题

一、巡回指导工作模式

随着特需儿童在普通学校的人数越来越多，巡回指导教师的需求量也在逐渐增长，巡回指导模式已成为国际趋势。

虽然各国巡回指导教师的类型不尽相同，但是主要类型有两种，即基于学校的巡回指导教师和基于社区中心的巡回指导教师。基于学校的巡回指导教师隶属于特殊教育学校，被安排到普通学校去进行巡回指导服务。基于学校的巡回指导教师可以再分为兼职巡回指导教师和专职巡回指导教师。兼职巡回指导教师流行于日本，在我国也是比较常见的，由于我国巡回指导教师大多由特殊教育资源中心委派，大部分是兼职的，因此其本身还肩负着特殊教育学校的教学、科研等任务，承担着其他特殊教育教师的职责。专职巡回指导教师流行于美国、英国和澳大利亚，基于社区中心的巡回指导教师是受雇于政府的一种全职巡回指导教师，不隶属于特殊教育学校。

国外有文献通过德尔菲研究（Delphi Research）了解学前巡回指导教师角色和工作职责。[1] 基于该文献的学前巡回指导教师角色及其角色定义，以及巡回指导教师的两种工作模式（直接服务方式和咨询服务方式）的定义，结合苏州市巡回指导教师的实践经验，我们对巡回指导教师的角色进行了定义（表0-1）。

---

[1] Dinnebeil, L. A. & McInerney, W. (2000). Project DIRECT: Defining itinerant roles for early childhood teachers [M]. A presentation at the national DEC conference, Albuquerque, NM.

表 0-1　学前巡回指导教师的角色及其定义

角色	角色定义
评估者	参与正式和非正式的评估活动，从在自然环境中观察儿童，到进行测试以确定资格。还包括撰写进度报告、记录孩子的进度、完成 IEP 中描述的与服务相关的其他文书工作，以及收集/管理与儿童在实现 IEP 目标方面相关的数据。
直接教学者	以个巡、小组教学或集体教学的形式解决 IEP 目标，准备针对儿童 IEP 目标的课程/活动计划。在课堂上帮助其他孩子与 IEP 的儿童进行适当的互动。
咨询服务者	向特需儿童的父母、照顾者、老师等人员提供咨询。与儿童特殊需求相关的文本资料、活动计划及相应学具等提供给相关人员或协助相关人员获取。向相关教师示范 IEP 目标实施的干预策略并提供反馈。计划和开展针对普通教师等人员的培训。
终身学习者	向特需儿童提供材料。通过参与一系列活动，了解该领域最新的专业发展趋势。
服务协调者	协调儿童的 IEP 概述中提供的服务。将父母和跨学科/跨学科团队的其他成员与其他社区资源联系起来，以满足孩子的需求，做好特需儿童的各学段的衔接工作。

学前巡回指导教师的具体工作职责见表 0-2。

表 0-2　学前巡回指导教师的具体工作职责

角色 1：评估者
1. 管理与服务资格相关的所需的评估工具。 2. 收集和管理数据，以监测儿童在实现 IEP 目标方面的进展。 3. 撰写年度的进度报告，包括 IEP 审查。 4. 观察环境中的儿童，以决定满足儿童 IEP 目标所需要的服务种类。 5. 与社区项目的工作人员合作，确定并转介疑似有发育迟缓风险的儿童。 6. 成为该地区或项目的儿童早期筛查和评估团队成员。
角色 2：咨询服务者
1. 与普通幼儿教师、幼儿保育提供者、幼儿园行政或特需儿童家长建立融洽的关系。 2. 向其他人提供有关儿童障碍或特殊需要的书面信息。 3. 向其他人提供有关帮助儿童和家庭的书面资料。 4. 向其他人提供有关 IEP 儿童适当干预策略的书面信息。

续表

5. 与其他人一起制定干预策略，在日常生活中解决儿童的 IEP 目标和日常活动目标。
6. 计划与其他人一起为特需学区配具教具或辅助，以便其能参与日常活动。
7. 计划与其他人一起调整物理环境，以满足特需儿童的发展和学习需求。
8. 计划与其他人一起调整日常生活的方式，以满足特需儿童的发展和学习需求。
9. 向其他人展示干预策略和互动技巧。
10. 指导其他人员特需学生的具体干预策略，并及时予以反馈。
11. 与其他人一起检查商定的干预策略或计划的执行情况。
12. 帮助父母理解他们作为孩子监护人的角色。
13. 与家长举行会议，根据要求提供支持和信息，并解决家长担忧的问题。
14. 通过定期书面沟通，向家长报告孩子的进展。
15. 与普通幼儿教师、儿童保育提供者或其他项目人员一起计划和开展在职培训课程。

角色 3：直接教学者

1. 在 IEP 目标中开展一对一、小组或集体教学。
2. 指导典型发展同伴如何成为特需儿童的榜样。
3. 在普通教育环境中对所有学生实施教育，包括其他正常发展学生。
4. 为特需儿童改编课堂教学内容。
5. 为特需儿童准备个性化、小团体或大团体课程。
6. 制作、购买或获取满足特需儿童 IEP 目标所需的材料或设备。

角色 4：终身学习者

1. 阅读影响儿童身心发展以及教育表现的障碍类型相关资料。
2. 学习撰写评估报告、制订与实施 IEP 的相关知识。
3. 全面了解幼儿的发展。
4. 独立阅读专业文献，以熟悉该领域。
5. 参加会议/研讨会，以熟悉该领域。

角色 5：服务协调者

1. 协调 IEP 中确定的所有教育和相关服务。
2. 在特需儿童过渡到另一个阶段时，制订相应的转衔计划。
3. 当特需儿童转衔时，协调并安排所有相关方参加转衔会议。
4. 在转衔期协调相关的服务。

角色 6：团队成员

1. 担任与特需学生相关的跨专业服务团队的主要协调人。
2. 协调并参加团队会议，包括 IEP 会议。
3. 与跨学科团队合作编写 IEP。
4. 支持学区与为特需儿童提供服务的其他机构之间的合作。
5. 与为特需儿童提供相关服务的专业人员合作。
6. 参加学区学前教育项目员工活动和规划会议。
7. 参与公益活动或其他公共服务，以促进所在区域能更好地为特需学生提供服务。

上述研究描述的是学前巡回指导教师的工作模式、巡回指导教师角色及其定义和工作职责，小学、初中和高中的巡回指导教师和学前的巡回指导教师在工作内容上有所差异，但是工作模式基本一致。根据现有的研究，巡回指导教师有着不同于普通或特殊学校课堂教师的独特经验，这是因为特需学生处于一个复杂的教育环境中。学前巡回指导教师与其他学段巡回指导教师工作内容的差异可能在于小学、初中和高中的直接教学服务方式分为直接学业教学和直接非学业教学，但有研究表明，特需儿童在低年段，直接学业教学的比例较大；特需儿童在中、高年段，直接非学业教学的比例较大。

二、巡回指导工作存在的主要问题

目前，我国各地区特殊教育资源中心都配备有巡回指导教师。然而，国内尚未建立完善的巡回指导教师工作机制，他们在实践工作中面临诸多困境和挑战。在实践过程中，巡回指导教师巡回服务方式虽然一致，即巡回服务方式主要分为直接服务方式和咨询服务方式，但有文献表明相关人员对这两种巡回方式的划分存在分歧。[①] 有实践表明，我国目前巡回指导教师巡回服务方式也主要分为直接服务方式和咨询服务方式两种，但我国对这两种巡回服务方式的时间分配没有明确的参考标准，大部分特殊教育资源中心给巡回指导教师定下的工作量如下：每个巡回指导教师根据工作量情况，每1~2周到普通学校巡回指导一次。根据这些巡回指导教师的反馈，有些学校没有特需儿童，他们会在这些学校无所事事；有些学校特需儿童特别多，他们可能照顾不到所有的特需儿童，这时只能以咨询服务为主；有些学校特需儿童情况比较严重，这时就需要更多的直接服务，但他们没有足够的时间为其提供直接服务。

虽有研究表明，巡回指导教师直接服务的时间平均为每周一个小时，对咨询服务没有特别报道。但是很多研究者比较推荐咨询服务方式，因为这种方式除了支持父母或教师持续提供干预，还提供了技能和行为泛化的机会。有研究显示，学前教师和特需儿童家长更需要学前巡回指导教师的直接服务。本研究参与者及同人在实践过程中，也遇到过类似的困惑：到底是以直接服务为主，还是以咨询服务为主？还有一个问题是巡回指导教师缺口较大，而且大部分是兼职巡回指导教师。虽然有一部分地区有专职

---

① Wesley, P. W. & Buysse, V. (2004). Consultation as a framework for productive collaboration in early intervention [J]. *Journal of Educational and Psychological Consultation*, 15 (2): 127-150.

巡回指导教师，但巡回指导的对象太多，无法实现每个普通学校配备一个专职资源教师，因此巡回指导教师直接服务的频率比较低，咨询服务的频率比较高。在我国大部分地区，一方面目前普通教师和特需儿童家长缺乏相关的干预知识，另一方面在咨询服务的过程中，巡回指导教师督导普通教师和特需儿童家长落实的干预过程也不到位。

在提供适当的巡回指导服务中，学生的需求是最高的、最优先的事项。确定为每个学生推荐的服务类型和数量是巡回指导教师最具挑战的任务之一。每个学生的成功都取决于巡回指导教师的直接服务和对教育团队中每个人的适当支持，包括课堂教师、家庭成员、其他学校人员等。巡回指导教师巡回服务的时间分配没有一定的参考标准，因此才导致了以上的问题，也影响了特需儿童的教育公平性。

三、巡回指导工作存在的其他问题

除了直接服务和咨询服务时间分配上存在问题，有研究还指出了巡回指导教师在工作中遇到的一些阻碍导致巡回指导教师感到自身提供的服务对学生没有帮助。巡回指导教师指出，缺乏时间是阻碍巡回教学有效性的主要原因，而造成缺乏时间的原因包括大量的驾驶时间、学校场地数量有限和日程安排上的困难。巡回指导教师还指出，时间的缺乏限制了他们为学生制订适当计划的可能性。一个常见的问题是，普通教育教师很少有时间能和巡回指导教师一起制订计划，巡回指导教师不得不花大量的时间独立制订甚至实施个别化教育计划，这就在客观上影响融合教育巡回指导的成效。

另一个与时间问题相关的主题是个案数量的多少。正如预期的那样，安蒂亚（Antia）（1999）发现直接教学时间随着工作量的增加而减少，引发了学生需求没有得到满足的担忧。个案量较大的巡回指导教师提供的直接服务比那些个案量少的巡回指导教师提供的直接服务少。当巡回指导教师的个案量增加时，他们会把更多的时间放在咨询相关成人（普通教师、普通学校行政人员、特需儿童家长）上，而不是直接开展教育。①

在几项研究中，研究人员发现，不同学校或区域的政策也是影响巡回指导教师工作效率的因素之一。巡回指导教师报告说，他们不得不调整自身的工作方式，以便应对不同学校的态度，这就造成了一定的困难和压

---

① Antia, S.D. (1999). The roles of special educators and classroom teachers in an inclusive school [J]. *Journal of Reaf Studies and Deaf Education*, 4: 203-214.

力。但巡回指导教师认为，尽管各个学校有不同的政策，但他们的巡回支持对特需学生的能力提升有一定的效果。

学生的管理和归属不一致也被确认为实现巡回指导教师工作有效性的障碍。当普通教师参与了对学生的管理时，巡回指导教师可能无法参与对特需学生的教育。巡回指导教师还认为，缺乏合作和孤立感是阻碍他们工作有效性的另一个原因。巡回指导教师在许多学校工作时，会感到与其他普通教师缺乏联系，体会不到同事之间的亲密感，缺少学校行政人员对自己工作的支持。

结束语

绪论主要介绍了巡回指导工作产生的背景，并将巡回指导教师与资源教师、影子教师做了区分，在国外相关文献的基础上初步梳理了巡回指导工作模式及存在的问题。巡回指导工作起源与背景的梳理，对于探究巡回指导教师所需要的专业素养，根据我国随班就读工作特色形成本土化巡回指导模式具有重要意义。

第一章

融合教育巡回指导工作：专业素养、实施步骤及评价

第一节 融合教育巡回指导教师的专业素养

融合教育的缘起与发展经历了北欧特殊教育界倡导的正常化运动、回归主流运动及特殊教育世界会议[1]，以及世界特殊需要教育大会颁布的《萨拉曼卡宣言》《特殊需要教育行动纲领》等条例后，融合教育的主张被正式提出，且备受教育界推崇。其中心思想如下：每个孩子都有接受教育的权利，每个孩子都应该接受适当的教育，每个孩子都应该获得最好的发展机会，并能更好地适应社会生活。

融合教育已经成为我们国家教育的一项基本政策，并在各种法律、法规和政策文件中得到了充分的体现。我国的特殊教育要全面推进融合教育，既要在政策上指明发展的方向，也要在实际工作中不断地加以推动。当前，在国家的方针政策的贯彻下，其具体实施要求在特殊儿童的早期教育、义务教育、职业教育等各阶段都有针对性的措施。

随班就读是一种与我国实施融合教育及教育制度改革相适应的教育安置方式，它是我国的基础教育工作者，尤其是特殊教育工作者，参照世界各国的教育实践，结合我国特殊教育的实际情况而进行的一种新型的教育改革。我国的随班就读有国外融合教育的特征，并逐渐形成了一种有本国特色的教育模式。

随班就读为普通学校班级的特需儿童提供教育和服务，在此背景下，普通学校教师要承担特需儿童的教育评估，制定个性化教育方案和进行个

---

[1] 朴永馨. 特殊教育辞典 [M]. 2版. 北京：华夏出版社，2006.

性化指导，但目前我国有关教育理论和实践的研究还很少，一般的教师也不太理解融合教育的基本原理和方法。因而，对于融合教育学校，开展巡回指导工作，提供系统化支持服务尤其重要。此项工作通常由区域特殊教育指导机构充分发挥自身的专业资源优势，选派能胜任巡回指导工作的师资力量，定期或不定期入校，提供指导、咨询服务等，以帮助区域融合教育学校正常开展工作。

一、巡回指导教师的专业素养

为了应对融合教育理念对教育发展提出的新要求，以及特需教育对象复杂性给教育教学管理等带来的挑战，建立优质的巡回指导师资队伍已成为当前的迫切任务，本节就巡回指导教师应具备的专业成长要点及核心素养展开讨论。

（一）巡回指导教师的专业成长要点

当前，国内还没有关于融合教育领域巡回指导教师的职业规范，也没有对巡回指导教师的专业标准进行规范。从教学的具体工作来考虑，巡回指导教师既要具备特殊教育的理论知识和专业技能，也要对教学大纲和教学方法有所了解，能够解决特需儿童的问题，所以，巡回指导教师的职业规范应该包含特殊教育与普通教育两个领域的内容。①

2012年教育部印发了《小学教师专业标准（试行）》和其他有关的法规，对普通教师的综合素质进行了全面的规范。《小学教师专业标准（试行）》特别提及了我们要认识各年龄段、各特定群体的身心发展规律，信任他们，尊重他们的个性，维护他们的合法权益。《中学教师专业标准（试行）》在这方面也有相似的规定，如：尊重个人的差异，维护他们的合法权益，遵守《中华人民共和国教育法》和尊重学生的身心发展规律，并对每个学生进行适当的培训。毫无疑问，上述规定对融合教育学校普通教师综合素质的培养有了新的要求。

2015年教育部颁布了《特殊教育教师专业标准（试行）》，这是我国对特殊教育教师的一项基础性的职业素质要求，也是指导其职业专业化发展的根本准则，是特殊教育教师实施教育教学的基本规范。该标准同样也是巡回指导教师专业成长的基础条件，是推动、巩固和深化融合教育教师专业化发展的准则与规范。

---

① 冯雅静，李爱芬，王雁. 我国普通师范专业融合教育课程现状的调查研究［J］. 中国特殊教育，2016（1）：9-15，29.

目前，我国已确立了普通中学、小学、幼儿园师资和特殊教育师资的专业标准，这些标准都含有融合教育的理念。我们要将巡回指导教师置于融合教育服务体系中，对其素养进行综合分析，研究融合教育巡回指导教师、普通教师及特殊教育教师三类教师角色专业成长的相同与不同之处，实现三者的融合。现将其专业成长要点概括如下。

(1) 有理想信念

巡回指导教师热爱特殊教育事业，具有职业理想，他们确立了"人人皆有潜能""每个学生都能成功""每个儿童都应享受公平、优质的教育"等融合教育的理念，并为之努力；他们有爱心、责任心，并能持之以恒；他们能自我约束，能公平、公正地对待学生，能用自己的人格魅力影响学生，成为他们的向导；他们工作经验丰富，综合能力强，工作适应能力好。

(2) 以学生为本

巡回指导教师秉承"以人为本""以生为本"的教学思想，以博爱和仁爱为核心，实践以人为本的教育价值观；根据学生身心发展的特征，结合特殊教育的教学原则，对每个学生进行适当的教育，使其能力得到最大限度的发展，从而为学生融入社会打下坚实的基础。

(3) 注重能力培养

巡回指导教师是专业践行者，懂得实施特殊教育的方法，能够将理念转化为实践；能够根据学生成长和发展的特点，进行针对性的培养，提高其专业素质；在工作中边实践边反思，不断提升自己的专业技能。

(4) 倡导终身学习

巡回指导教师在教学中不断深入地学习先进的教学理念，实现知识结构的优化和文化素质的提升；具有终身学习的能力。他们是社会活动者，了解现代社会的新媒体等各种资源，能够做好各种宣传和动员工作，起到沟通和协调的作用。

(二) 巡回指导教师的核心素养

为更好地推进融合教育工作的进行，我们在借鉴国内外相关研究成果的基础上，结合当前我国融合教育的发展状况和发展趋势，以教师专业发展理论为核心，利用巡回指导教师多维度结构，科学建构巡回指导教师的核心素养。

1. 专业态度与情操

巡回指导教师的专业态度基于其所从事的教育工作，最终表现为无私奉献、积极向上、勤勉上进。巡回指导教师对其从事的教育事业有强烈的认同感,积极投身特殊教育事业。

(1) 专业态度与专业自我

专业态度与专业自我是人在与外界的长期交互作用下形成的相对稳定、内部制约的心理倾向,它是多维度、不间断、动态的综合性行为表现。巡回指导教师的专业态度和专业自我的内容主要有以下五个方面。

自我意象:巡回指导教师是人道主义者,坚持以人为本、以生为本的理念,弘扬慈善与人道主义精神,践行真、善、美的价值观,尊重生命,相信人性的光辉,为人师表。

工作动机:巡回指导教师是职业践行者,了解和认可融合教育的价值与内涵,热爱融合教育,并坚信融合教育的力量;认识到融合教育的特殊性和复杂性,重视个人的专业发展;能把好的融合教育理念落实到工作实践中,踏踏实实做好本职工作,用实际行动来促进特需学生的成长。

工作满意感:巡回指导教师是理想主义者,认同融合教育的理念,坚信教育机会均等,肯定所有学生在普通教育环境中平等接受教育的权利,对工作境况满意。

任务知觉:巡回指导教师是目标达成者,熟知融合教育工作流程,并努力达成目标。

未来前景:巡回指导教师是积极上进者,为了满足社会对教育专业的期待,致力于能力及专业服务水平的提升,并努力地维护专业的荣誉、团结、形象等。①

(2) 专业情操

巡回指导教师的专业情操是对具有理性价值观的教育与教学工作的情感经历及表现,是形成其教育及社会价值的前提,是形成其人格的关键要素,是其职业情感发展成熟的一个标志。巡回指导教师应具备以下专业情操。

道德的情操:巡回指导教师是观念统一者,确立立德树人、育人为本观念,把品德培养、知识学习、能力培养、潜能培养和个性发展有机地统一起来;对师德规范的认可形成责任意识;有良好的心理调节能力,把终身学习作为自己的责任,做到与时俱进。

理智的情操:巡回指导教师是科学育人者,即由于对教育功能和作用的深刻认识,尊重学生个体现状,保护他们的正当权利,平等地对待每个学生;促进师生之间、生生之间、教师和家长之间的相互接纳;充分尊重

---

① 邓猛,李芳.融合教育导论[M].北京:北京师范大学出版社,2022.

和理解每个人的个性需要,积极为他们提供有利的学习环境。

2. 专业知识

教师专业知识的分类系统呈现出多样性的特征,其中一些有代表性的研究成果来源于20世纪70年代的认知心理学。教育部师范教育司组织编写的《教师专业化的理论与实践(修订版)》一书中收录了具有代表性的研究文献(表1-1)。

表1-1 教师专业知识分类的相关研究

研究者	教师专业知识分类
舒尔曼	(1)学科内容知识;(2)一般教学法知识;(3)课程知识;(4)学科教学法知识;(5)有关学生知识;(6)有关教育情景知识;(7)其他课程的知识
斯腾伯格	(1)内容知识;(2)教学法的知识(具体的、非具体的);(3)实践的知识
格罗斯曼	(1)学科内容知识;(2)学习者和学习的知识;(3)一般教学法知识;(4)课程知识;(5)情景知识;(6)自我的知识
甄德山	(1)教育理论知识;(2)所教专业科学知识;(3)普通文化知识
默里	(1)广泛的普通教育;(2)所要任教的学科内容;(3)教育文献;(4)反省的实践经验

通过表1-1,我们可以发现,教师的专业知识分类流派多、内容丰富。在研究巡回指导教师专业知识要求时,可依据其工作职责内容加以探索。巡回指导教师职责内容包括特需学生的筛选和评估、个案教学指导与管理、资源教室管理、教育咨询服务及其他参与融合教育的推广等工作。因此,巡回指导教师的专业知识也是多维度且丰富的,巡回指导教师应该具备巡回指导工作通识性知识、特殊教育学科的本位性知识和融合教育的发展性知识。

(1)通识性知识

通识性知识是指巡回指导教师履职所必备的专业入门知识。主要内容如下:对中国的教育与残障人士进行全面的认识;理解有关学生的权益、教师责任、融合教育和特殊教育发展的法律和政策;具备从事相关的巡回指导工作及人文社科方面相关工作的能力;具备利用现代信息化技术教学的手段;具备一定的美术鉴赏和表达能力。

(2)本位性知识

本位性知识包括学科知识和教育教学知识。

学科知识主要内容如下：了解特殊教育的知识关联体系、实施教学的基本原则及学科教学策略；了解所教学科与社会实践、与其他学科的联系；能够运用课程统整策略，整合多学科、多领域的知识与技能；理解学科知识、专业技能等之间的逻辑关系，运用相关技术，使学科知识和教育的专业技能相结合。

教育教学知识主要内容如下：了解普通教育和特殊教育的基本教育理论、施教理念和教学工具；具备融合教育实施所必备的专业技能和操作策略；具备教学评价的基本理论和实操技术；了解和运用教育心理学的理论与手段，以提高学生的认知能力、语言能力和沟通能力；熟悉本专业的课程规范和教学调整的方法。

(3) 发展性知识

发展性知识包括学生发展知识和人文性发展知识。

学生发展知识主要内容如下：了解各年龄段和有特定需求的学生心理发育特征与规律，了解其障碍的种类、原因、程度、发展水平等方面的特点；掌握学生多样化的学习特征和行为特点；掌握适合学生特点的教学策略与方法，以促进其身心的健康发展；了解学生的教育安排与教育阶段的衔接，掌握如何协助学生完成转衔；掌握青少年青春期健康教育的相关知识与方法；了解学生的安全保护与救援知识，并对其在校园内发生的各类侵害、伤害行为、意外事故、危险状况等进行危机干预。

人文性发展知识主要内容如下：巡回指导教师是随班就读工作的支持者、协调者和指导者。在面对有目标的行为时，必须具有与实际情境相关的多种知识，即教师工作经历的累积和扩展。所以，巡回指导教师应具备哲学、社会科学、自然科学等方面的专业知识，既要博闻强识，又要博览群书，内化个人的人格品质，使自身具有高尚的精神境界和健全的人格品质。同时，巡回指导教师也可以利用自身的专业特长，将学生正向引入社会，进行有意义的实践活动，从而达到思想政治教育的目的，不断提高学生的社会责任感。区域特殊教育指导中心要建立激励机制，促进巡回指导教师整体素质的提升，提升巡回指导教师对工作的满意度，使其更好地服务于巡回指导工作。

3. 专业能力

教师专业能力是评价教师的重要因素，也是教师综合素质的彰显。教育部师范教育司组织编写的《教师专业化的理论与实践（修订版）》一书中收录了具有代表性的研究文献（表1-2）。

表 1-2　教师专业能力的相关研究

研究者	教师专业能力
邵瑞珍	（1）思维条理性、逻辑性；（2）口头表达能力；（3）组织教学能力
曾庆捷	（1）信息的组织与转化能力；（2）信息的传递能力；（3）运用多种教学手段的能力；（4）接收信息的能力
罗树华、李洪珍	（1）基础能力；（2）职业能力；（3）自我完善能力；（4）自学能力
徐君藩	（1）自学能力；（2）表达能力；（3）组织能力；（4）教育机智和专科能力

在融合教育环境里，巡回指导教师必须具备特殊教育的知识与能力，能面对各种类型的特需学生，同时要熟知普通教育的教学内容，还要将特殊教育与普通教育整合，考虑普通教育中的特殊教育服务，考虑特殊教育与普通教育的相互接纳、包容。因此，巡回指导教师既不是单纯的特殊教育教师，也不是单纯的普通教师，而是架设普通教育和特殊教育桥梁的人。巡回指导教师须同时具备这些能力。

（1）组织管理能力

合作能力：为融合教育学校提供及时的、合适的指导与支持。具有良好的团队合作精神，能够与资源教师、普通教师及其他相关专业人员融洽合作，围绕特需学生的发展实际，定期组织研讨类活动，如：召开评估小组会议、IEP工作会议、家长咨询与成果反馈展示活动等。具备良好的教育教学应急能力，能正确处理各种突发情况。

管理能力：具有良好的巡回指导工作管理实施能力，能够有效地引导和评估学生的学习行为和学习方式，并且能够科学、专业地解读评估结果，综合评估学生的教育需求，并根据特需学生的学习现状、能力水平及兴趣爱好制订有针对性的个别化实施方案，开展个案融合追踪。运用积极的行为管理策略防止和矫正不良行为，科学、有效地管理课堂。

协调能力：通过实证分析，不断拓展教育资源，完善资源教室物资储备，不断提高巡回指导工作的科学性和系统支持性。例如，根据特需学生主要通过听觉和触觉获取信息的特点，在资源室内为其提供声音及可触摸的学习工具和材料。根据特需学生多动、自闭等特征，在资源室内储备各类评估器具、工作量表。

沟通能力：利用恰当的交流方法，与融合教育相关实施教师、特需学生及学生家长开展有效的沟通，做家长的教育顾问，营造平等参与、积极互动、协作的育人氛围。

（2）课程实施能力

教学实施能力：根据课程和学生身心特点、认知能力、学习偏好，合理地调整教学目标和教学内容，使教学目标和教学内容具有层次性、个别化、可替代性，科学编写教学方案，合理安排每日活动，促进教育教学与生活实践的紧密结合。

信息技术运用能力：借助科技的力量，让不同障碍程度、不同学习特征、不同能力及不同类别的残疾儿童，真正理解课程内容。

教学研究能力：能够基于研究和实践融合多种教学方法和策略进行创新性教学。

（3）环境创设能力

可以引导随班就读的班级为特需学生营造一个充满关怀和支持性的学习氛围，以鼓励他们积极、主动融入。营造包容、友好的气氛，建立平等、相互信任的师生关系，有助于学生形成良好的伙伴关系。

（4）反思发展能力

具有研究意识，针对巡回指导教育工作中的实际问题，主动收集和分析相关信息，不断地在实践中进行反思，探索融合教育的教学规律，改进教育教学工作，提升教育智慧，积极开展教学改革与创新。

结合融合教育发展的现实需要，评估个人的发展现况，制定专业的发展规划。具有自主学习意识，开展终身学习，积极参加专业发展活动，不断提高自身专业素质。

随着融合教育的深入实施，普通班级中特需学生的人数日益增多，巡回指导教师将是随班就读工作宝贵的资源，为融合教育工作增添新动力。

第二节　融合教育巡回指导工作的实施步骤

融合教育巡回指导工作的开展多为各地自发性的探索，缺乏成熟的经验与模式，但巡回指导工作的实施步骤是否全面、科学、严谨，直接影响融合教育工作的开展，决定其工作的成效。有序、有效地开展融合教育巡回指导工作，需要做到以下两点：第一，要明晰此项工作的基本内容有哪些；第二，要基于工作内容确定巡回指导工作的实施步骤。只有这样，才能更好地达成对特需儿童的支持服务。

对巡回指导工作内容的相关研究见表 1-3。

表 1-3　巡回指导工作内容的相关研究

研究者	巡回指导工作内容
李拉	面向普通学校中的特需儿童，为他们顺利接受融合教育提供全方位支持，包括直接的补救教学、教学辅助器具的提供、康复训练、心理辅导等，更多的是一种直接指向特需儿童的巡回服务
勒克纳·米勒（Luckner Miller）	1994 年，他对美国 48 个州 319 名听力障碍学生的巡回指导教师开展了一项关于巡回指导教师的职责、概念及准备状态的调查，结果显示，巡回指导教师工作中最重要的部分是直接教学指导，其次是为教师和家长提供咨询，监控学生在普通教室的表现、教室环境的调整，评估学生，开展在职培训，为学生进行人员安排
福斯特·库埃（Foster Cue）	2009 年的研究显示，面向聋或重听学生的巡回指导教师工作内容主要有以下几项：面对学生的直接教学，面向普通教师的咨询，制订 IEP，协调会议及支持服务，为家长提供信息，维护听力辅助设备及 FM 系统
王红霞	2014 年海淀区普通中小学调查结果显示，巡回指导教师最主要的工作是为学生提供筛查评估，直接面向特需学生，这与国外巡回指导教师的工作具有相似性
张文京	巡回指导工作的内容有以下几项：定期（固定）随班辅导、定期随班辅导+课外辅导、观察咨询、课外辅导等辅导模式，其中资源教师的工作是资源中心的工作重点。而资源教师巡回指导的工作流程与内容，影响该项工作的进行，决定工作的效果

基于表 1-3 对巡回指导工作内容的归纳与分析，我们整理出一些问题：巡回指导工作的服务对象与合作伙伴从何而来？谁来回访个案，以及对个案开展研讨与评估时该怎么做？特需学生的教育安置有哪些模式？巡回指导工作中个别化教育计划如何开展？根据上述问题，我们逐渐架构起接案、回访等巡回指导工作的实施步骤。

（一）接案与登记

巡回指导工作的服务对象与合作伙伴主要来源于以下三个方面。

1. 来自幼儿园或普通学校

教师在幼儿园或普通学校的授课过程中，发现某个学生的表现与其他学生之间存在较为明显的差异时，产生疑虑，将学生的具体情况反馈到学校，学校与特殊教育指导中心联系并寻求支持。

2. 来自家长的自主申报

家长通过自己的观察、教师的反馈或者他人的提示，发现孩子与同龄孩子的差异，与特殊教育指导中心联系并寻求支持。

3. 来自其他机构

来自儿童社会福利院、医疗单位等社会组织向特殊教育指导中心的转介。

特殊教育指导中心在接案后，对学校、家长及其他机构的需求进行登记。登记表内容主要包含三个方面：个案来源、家庭成员、儿童面临的问题和需要。

（二）回访与观察

1. 线上回访

特殊教育指导中心在接案后，组织人员召开工作会议，对登记的学生情况进行初步的分析，安排巡回指导教师对接，巡回指导教师通过电话或网络回访的方式与学校、家长或机构进行联系，预约现场回访时间。

2. 线下回访与观察

巡回指导教师走进学生所在学校进行线下回访与观察。观察方法强调被观察者处于一种自然的状态中，少加干预和控制，现场情景中的自然表达与流露真实性强。观察法对于特殊儿童更具有真实性。

巡回指导教师可以是参与性观察，也可以是非参与性观察。开展参与性观察时，教师可以与个案学生进行语言交流或教学实操互动，开展非参与性观察时，教师以旁观者的身份有意开展观察活动。观察者将认为重要的信息可以用纸、笔记下来，其随机性较大，不需要预先周密的计划。现场观察和记录有如下特点：

① 现场直接观察，可获得第一手资料。

② 描述性陈述，可以看到学生学习和生活方面的细节。

③ 不受被观察者的参与、合作度影响。

④ 适合对特需儿童的观察。

⑤ 观察后的记录内容多与观察者的兴趣和对问题的判断相关。

⑥ 记录较为概括、详略得当。

⑦ 有一定主观性，观察和记录的质量常取决于观察者的经验与能力。

巡回指导教师通过回访及观察采集到第一手的个案信息，并将此信息进行汇总和分析，最后反馈给特殊教育指导中心。

（三）研讨与评估

个案的研讨由特殊教育指导中心召集学校领导、任课教师及家长，通过研讨或个别访谈的形式全面了解学生各方面的信息,在此基础上考虑是否对学生进行专项评估。

1. 家长同意书

对学生进行个案评估及提供支持服务,学校需要得到家长签过字的书面同意书,这是关键的一步,得到家长同意后,学校方能开展相关个案评估工作,同时承诺保护个案的隐私。

2. 个案评估

(1) 评估小组的建立

个案评估需要组建评估小组,评估小组一般由专业人员、学生任课教师、学生家长等构成,进行资料整理、结果汇总分析等方面的工作。

(2) 设计评估方案,开展测评工作

教育评估方案的设计要以评估目的为依据。教育评估的目的是通过评估明确特需儿童的教育水平、能力行为特征及教育需要。对个案开展评估,一般而言,要对其整体情况进行评估,包括其障碍类型与特点、认知能力、学业成就、社会适应能力等。之后选择收集资料的方法、途径和工具,并设计出评估的流程,不同的评估项目有不同的评估方法和工具,应根据儿童的年龄、阅读水平、障碍类型等选择合适的评估工具,制定评估表,确定参与评估的人员、评估内容、评估的时间和地点。评估参与人员要根据测评内容,成立评估小组,评估小组记录和汇总评估资料。完成测评工作后,将个案参评者的所有材料汇总并一起讨论、分析,最终为残疾儿童提供一份书面的个案评估报告。评估报告应包含以下项目。

① 基本资料:包括评估对象的姓名、性别、出生年月、生长发育(病历等)、家庭基本情况等。

② 各项评估汇总:包括评估对象发展现状、适应能力、学科能力,在校、在家、在社区的表现等。

③ 综合分析与建议:包括评估对象的优势能力分析、学校融合教育氛围分析、教育需求的分析、课程调整方案与建议等有关的资料,并根据评估内容对资料进行梳理,得出评估结果。

(四) 教育安置

根据个案综合评估的结果,对特需学生进行教育安置,教育安置有以下几种模式。

① 经家长认可需要在训练机构进行专业的训练。如:语言发育迟缓、心理行为偏差、感统失调的学生需要在训练机构进行相关的专业训练。

② 经家长认可需要在医疗机构进行治疗。如:行动不便的脑瘫儿童、

心肺功能不全的特需儿童，需要定期在医院进行康复理疗。

③ 经家长认可需要在普通学校随班就读，学校做好备案并制订相应的个别化教育计划。

④ 经家长认可或家长要求安置在特殊教育学校就读。个案学生智力受损严重，行为控制能力差，沟通能力差，以及伴有其他障碍行为，不能适应普通教育的环境、课程和要求。

⑤ 经家长认可送教上门的学生，一般而言，智力受损非常严重，大多不具备生活自理能力，更难以学习文化课程，因此，他们无法进入学校接受教育。为保障这部分智力障碍儿童的教育权利，满足其独特的教育需求，可由特殊教育指导中心或特殊教育学校与家长共同约定，在每周的固定时间派专业教师上门为这些智力障碍儿童实施个别化教育计划或康复训练项目。

第三节 巡回指导工作中个别化教育计划实施的步骤

个别化教育计划（IEP）是落实个别化教育、确保特需学生随班就读教育质量的重要保障。从操作流程来看，IEP 可分为五个步骤。

1. 准备阶段

特殊教育指导中心选派巡回指导教师依据个案评估报告做好 IEP 会议的准备工作。拟定 IEP 初稿，初稿内容包括学生学习和生活需求、发展目标、教育安置、课程学习、教学调整等诸多方面。

2. 召开 IEP 会议阶段

IEP 的团队参会成员包括特殊教育指导中心巡回指导教师、普通教育学校任课教师、家长或监护人、特殊教育服务定向康复机构成员、学校分管行政人员、相关专业人员、能解释评估结果的人及其他相关人员。在本次会议中讨论并通过个别化教育计划各项内容。

① 分析该生受教育的现状。

② 该生能够实现的阶段性目标。

③ 为该生提供康复、医疗、生活技能类教育与活动支持。

④ 该生参与普通教育的情况说明及随班就读安置方式的选择与确定。

⑤ 设定实施 IEP 的期限。

⑥ 反思在本方案的实施过程中，评估方法、评量工作的选择是否科学。

⑦ 与会人员签名。

3. 实施 IEP 阶段

在 IEP 实施过程中，要多形式、多途径地开展工作，同时巡回指导教师要提供不间断的支持。

（1）实施途径

① 通过课堂教学实施。课堂教学是实施个别化教学方案的主要途径之一。个别化教学是"适应并注意个性开展的教学"①，是为了适应学生的需要、学习支持进度而设计的教学方法。教师的作用是针对普通学生和随班就读的学生，依据一定的标准，提出不同的要求，给予相应的分层教学，分别从学生编组、教材组织、课堂构造、教学策略实施、课程有序规划及评价设置等方面来考虑教学方式。

② 通过资源教室实施。资源教室主要是为了满足具有特殊教育需求的儿童的个别化需求。受助对象可以是特殊学生，也可以是普通学生，资源教师或其他辅导教师对教育对象实施个案管理、教学支持、学习辅导、行为纠正等，同时在资源教室的建设中同步配备教康器具及教辅图书。

③ 通过家庭教育实施。大多数学生有一半的时间是与家长一起度过的。家庭的指导与学校的教育相结合，使随班就读学生学习的知识在课前和课后得到巩固。家长作用的充分发挥，能更好地实现预期目标。

（2）巡回指导教师的支持服务内容

为普通教师提供教学策略及建议；在指导资源教师设计教案时，附上特殊儿童的学习活动目标；定期调整课程目标或教材难易程度；协助特殊儿童适应学校课程、教材等；指导助教人员现场协助特殊学生融入班级活动中；个别辅导的介入，如：个别训练的目标的制定、个训时间、辅导频率、辅导方法等的确定。

4. 阶段总结性评价阶段

在实施个别化教学中，要注重阶段性、形成性的评价与总结，首先是回顾，并对 IEP 方案进行评价，其次是对 IEP 实施效果进行阶段总结性评价。

（1）对 IEP 方案进行评价

方案实施一段时间后，反思方案的长短期目标制定是否恰当，教学内容是否符合学生的实际水平，教学方法是否适切有效、是否需要调整与改

---

① 徐玉珍，黄志成. 全纳教育的具体落实：全纳学校. 外国中小学教育 [J]. 2005（4）：21-24，48.

进。这有助于帮助教师在实施方案时对突发情况及时跟进与修改方案。

（2）对 IEP 实施效果阶段总结性评价

在阶段总结性评价中，要求多渠道、多元评价，主要表现在评价内容、方法、成员和工具多个方面。

观察对比法：对个案从不同维度进行观察，并对比 IEP 实施前的记录内容，判断效果的达成度。

作业评估法：对个案进行学科测试，并对其日常完成的作业分析，了解学生对知识与技能的掌握情况。

学习行为表现分析：对个案学生课堂行为的表现进行前后对比分析。如：课堂参与度、课堂做练习与巩固的情况等，了解学生的学习情况。

家长评价：通过让家长说一说学生在个别化教学计划实施前后的变化，反映个别化教学计划的实施成效。

当然，在对 IEP 实施效果阶段总结性评价时，所需要的信息应当全面，不能单单依靠观察、测验，也可以通过评估量表多方面搜集信息。

5. 拟订新的 IEP 阶段

在对学生当前的能力做出相应的测量与评定后，拟定新的 IEP。IEP 拟定的相关流程见图 1-1。

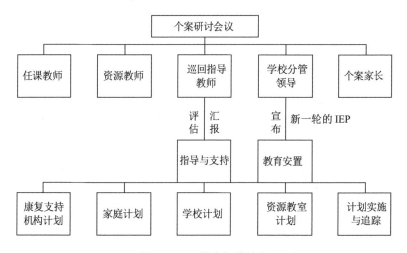

图 1-1　IEP 拟定相关流程

第四节　融合教育巡回指导工作的评价

一、巡回指导工作评价指标的基本框架

巡回指导是推进融合教育的有效支持形式。为保障融合教育的实施质量，有必要对巡回指导工作开展评价。由于巡回指导工作是在学校中开展实施的，因此，本节中的融合教育巡回指导工作评价主要是立足于学校层面进行的。

(一) 巡回指导工作评价的定义

巡回指导工作评价是评价主体根据一定的标准，采用科学的技术和方法，以融合教育巡回指导作为评价对象所进行的价值判断。其中，评价主体可以是特殊教育指导中心或学校，也可以是专家、研究者或者教育行政部门。

(二) 巡回指导工作评价的基本内容

根据巡回指导工作的职责和范围，巡回指导工作的评价内容主要包括三个方面：一是评价巡回指导工作的实施和成效；二是评价巡回指导工作服务对象普通学校融合教育工作的整体水平；三是评价巡回指导工作服务对象特需学生身心发展状态。其中，巡回指导工作的实施和成效是促进学生发展的有力支持和专业保障，包括巡回指导工作的筛查评估、个案管理、个案教学指导、资源教室管理、教育咨询服务等多个方面。普通学校融合教育工作整体水平是确保学生发展的外力因素，包括学校融合教育经费保障、组织管理、环境创设、师资配备、课堂教学、资源建设等多个方面。特需学生身心发展是衡量融合教育质量的关键，也是巡回指导工作评价的核心，主要包括学生的认知发展成就、知识与技能提升及良好的社会交往技巧、品德修养等多个方面。[①]

(三) 巡回指导工作评价的基本理念

评价是衡量巡回指导工作质量的重要方法，对巡回指导工作本身有着激励、导向和改进的作用。当前，我国正处于积极推进融合教育之际，开展合乎发展需求的巡回指导工作评价研究，是特殊教育改革顺利进行的有效保障。评价的理念是指贯穿于评价活动的总的指导思想和价值引领，它

---

① 邓猛，李芳. 融合教育导论 [M]. 北京：北京师范大学出版社，2022.

体现了评价主体对评价工作的期望目标。根据特殊教育发展要求，巡回指导工作的评价需要体现以下基本理念。

1. 教育公平

教育公平一直是党和国家坚持的社会发展方向，它是社会公平价值在教育领域的实践和体现，也是判断融合教育发展是否落地见效的基本原则。教育公平理念主要包括三个方面的含义：一是要确保特殊儿童和普通儿童一样都享有平等受教育的权利，这是实现教育公平的前提；二是要确保为特需儿童提供相对平等的受教育的机会和条件，这是实现教育公平的基础；三是要确保特需儿童教育成效的相对均衡等，这是巡回指导、融合教育质量的价值追求，也是实现教育公平的最终目标。

2. 以人为本

2008年，《中国特殊教育》杂志社社长、中央教科所心理与特殊教育研究中心主任孟万金教授发表了《人本特教宣言》，明确提出了"人本特教"理念，即"人人都有特殊需要，人人都需要特殊教育；人人都要关心特殊教育，人人都能享有特殊教育"的大特殊教育。"人本特教"理念给巡回指导工作指明了"面向全体、尊重差异、按需供教、精准施策"的工作方向。因此，巡回指导工作的评价应当坚持以人为中心，突出人的主体地位及作用。这里所指的人是评价对象，主要包括特需学生、融合教育教师、巡回指导教师等。

3. 注重发展

评价的目的是判断、鉴别巡回指导工作的基本水平及成效。同时，除了判断和鉴别，巡回指导工作的评价还具有发展性。借助巡回指导工作的评价，发现存在的不足与问题，为融合教育工作提供必要的帮助和指引，从而实现融合教育高质量提升，这是评价工作更为重要的目的。为此，作为一种发展性评价，巡回指导工作的评价目的包括三个方面：一是规范巡回指导工作实施，保障普通学校获得必要的专业指导和支持；二是提高普通学校关注差异的能力，让所有学生都能接受优质教育；三是改善普通学校融合教育工作，最大限度提高教育质量，保障教育目标的达成。

（四）巡回指导工作评价的常见方式

1. 专项督导

专项督导是指依据一定的评价指标，对工作的过程和绩效进行测量、分析及评定，并在此基础上对工作进行监督和指导。对巡回指导工作的专项督导一般由特殊教育指导中心或教育行政部门组织，采取任务明确、基于常态、全覆盖的督导模式，采用查阅相关资料、听取工作汇报、现场视导检查、师生座谈调研等形式进行，目的是全面督促和检查巡回指导工作的实施情况。

2. 问卷调查

问卷调查是调查研究中用来收集资料的一种常用方法，是指通过标准化的量表和非标准化的问卷，快速就某一个主题内容收集资料，分析特点、规律和差异的方法。[1] 对巡回指导工作评价开展的问卷调查，可以是针对巡回指导工作实施成效的整体调查和分析，也可以就巡回指导工作涉及的某个具体环节或服务对象的某个方面，设计专门的调查内容，开展调查和分析。例如，针对巡回指导教师的专业态度、服务频次、时长和效果等的调查，针对特需学生个别化教育计划落实情况的调查等，都可以采用问卷调查的方式进行，以达到快速、全面获取评价信息的目的。

3. 现场访谈

现场访谈是指评价主体通过与调查对象面对面的交流，直接获取资料和信息的方法。通过访谈，可以了解相关人员对巡回指导工作的态度、理解和具体行为，既有事实的调查，也有意见的征询，是获得可靠、有效资料的重要方式。与问卷调查相比，现场访谈可以针对某一主题进行深入、全面的探讨，具有较好的灵活性和适应性，收集的信息也更加直接、具体和丰富。例如，为了了解巡回指导教师对融合教育工作指导的针对性和有效性，可以就教师指导的方式、内容、频次等对普通学校相关人员进行详细访谈，从而获取巡回指导工作实施过程中的实际情况。

4. 观察记录

观察记录是一种有目的的行为记录，是指在自然状态下，依据预定的目标和计划，就某一对象在具体活动中的表现进行观察和记录，并就收集的资料进行分析，得出相关结论的方法。观察的对象可以是个体，也可以是群体。例如，对特需学生在融合课堂中积极行为的观察，评价主体可以深入课堂，就特需学生学习的专注度、参与度及同伴互动等表现进行仔细的观察和详细的记录，进而分析特需学生在课堂学习中积极行为的基本特点、规律等。

5. 作品分析

作品分析是通过对调查对象的作品（如日记等）分析和研究，了解情况，发现问题，把握特点和规律。作品分析多用于个案研究或对个体发展、个性特征等方面的评价。例如，在对特需学生进行阶段性教学评估的

---

[1] 邓猛，李芳. 融合教育导论 [M]. 北京：北京师范大学出版社，2022.

过程中，可以通过学生的作品、试卷等，分析学生学业能力发展状况，从而评价融合教育的实施效果。

(五) 巡回指导工作评价指标的具体解读

巡回指导工作是应融合教育发展而产生的一项专业性支持服务，其目的是加强普通学校融合教育资源中心的建设和管理，提高融合教育工作的质量和水平。当前，国内在巡回指导工作评价指标及工具方面尚未形成标准的体系。要提高巡回指导工作的质量，首先就要客观、全面、科学地认识与评价巡回指导工作。

1. 巡回指导工作的评价指标和具体内容

(1) 筛查和评估特需学生

对特需学生进行初步筛查和教育评估是巡回指导工作的重要一环，也是检验巡回指导工作科学性的重要指标。巡回指导教师有责任担负起帮助普通学校开展对特需学生的初步筛查、教育评估等工作。考量巡回指导工作中筛查和评估特需学生的工作质量，需要重点关注以下两个方面。

第一，是否能基于医学诊断，使用相关的评估量表对学生进行初步筛查，筛选出有特殊教育需要的学生。

第二，是否能利用教育发展评估量表对特需学生进行综合性的教育评估，并基于评估结果撰写评估报告书，提供给学校和家长。

(2) 个案管理

指导普通学校规范落实特需学生的个案管理是巡回指导工作的基本职责。评价个案管理的工作效能，应关注以下三个方面。

第一，是否协助普通学校做好特需学生"一人一档"档案材料的建立与汇总。

第二，是否定期访问普通学校，监督和指导该校特需学生个案干预工作的开展，并提供必要的支持与帮助。

第三，是否及时反馈并尽力解决普通学校在融合教育个案干预中遇到的困难。

(3) 个案教学指导

融合教育环境中的教学工作和一般课堂上的教学工作存在巨大的差异，需要教师从教育对象的差异性、教育目标的适切性、教育内容的变通性、教育方式的多样性、教育评价的多元性等维度予以落实。因此，对普通学校进行必要的融合教育教学指导，是巡回指导工作非常重要的一项任务。考量教学指导的工作成效，可以从以下五个方面进行。

第一，是否指导普通学校对特需学生开展课程本位评估。

第二，是否指导普通学校融合教育小组相关成员基于评估结果，制订个别化教育计划，召开个别化教育计划会议，确定并实施个别化教育计划。

第三，是否指导普通学校融合教育小组相关成员制定与实施特需学生的训练方案，如集体教学、小组教学、个别教学等。

第四，是否定期与普通学校资源教师开展工作研究，积极解决学校、教师在融合教育工作中遇到的困难。

第五，是否定期、不定期对融合教育课堂进行听课督导，并对融合教育教师进行教学指导。

（4）资源教室管理

资源教室指在普通学校建立的集课程、教材，以及学具、教具、康复器材、辅助技术于一体的专用教室，它具有为特需学生提供咨询、个案管理、教育支持、学习辅导、康复训练、教育评估等多种功能。指导普通学校规范管理并使用资源教室，发挥资源教室的专业服务功能也是巡回指导工作的基本职能，可以从以下三个方面加以考量。

第一，是否指导普通学校根据实际需要建设资源教室。

第二，是否指导普通学校制定资源教室管理制度。

第三，是否定期督导普通学校资源教室的使用，督促学校做好相关使用记录，以及设施、设备的维护和保养等工作。

（5）教育咨询服务

巡回指导教师作为指导融合教育工作的专业人员，还担负着接受学校、教师、家长、社会等的教育咨询服务职责。考量教育咨询的服务质量，可重点关注以下四个方面。

第一，是否促进资源教师认识发展，向教师解释某种障碍类型的症状与心理特征，帮助教师掌握初步鉴别特需学生的基本方法。

第二，是否促进资源教师专业成长，针对资源教师在工作中遇到的困惑答疑解难，向教师提供教学策略。

第三，是否耐心接受来自家长的咨询，尽量协助家长解决遇到的问题，向家长宣传家校共育、康复训练、补救教学等的重要性，促使家长成为融合教育工作的积极配合者。

第四，是否对融合教育对象的诊断、安置及教育资源的配置、使用等提供咨询服务。

2. 普通学校融合教育工作的评价指标和具体内容

（1）普通学校融合教育规范度

融合教育工作的规范度可从普通学校的组织架构、规范管理等角度开展评价。考量融合教育工作的规范程度可以重点关注以下四个方面。

第一，是否能够依托资源教室、资源教师（特殊教育专职教师）和巡回指导教师等资源，在学校里设立学生发展支持中心，成立由校长牵头的融合教育工作团队。

第二，是否为特需学生配备导师，确保每个特需学生都有教师全程关注其在校的学习和生活。

第三，是否落实特殊教育服务清单、特需学生教育评估与认定、特需学生教育安置与转衔、个别化教育与质量评价、跨地域和跨领域集体教研等制度。

第四，是否建立特需学生选课走班制度、远程协同教学和家校协同教学制度等。

（2）普通学校融合教育发展度

普通学校融合教育工作的发展度可从医教康融合、因材施教等角度开展评价。考量融合教育工作的发展程度，可从以下五个方面进行。

第一，是否主动与医疗、康复、特殊教育学校、社区等机构和团体合作，定期组织和开展各类医教康结合活动。

第二，是否建设特需学生教育评估与个别化教育研究大数据平台，开发特殊教育数字化课程教学资源，开展融合教育课题研究。

第三，是否规范实施国家课程，积极构建适应各类学生发展的多样化校本课程。

第四，是否积极探索生活化、游戏化、项目化教学方式，引进、创制各类辅助性学习工具，提高学习效率。

第五，是否关心和关注遭遇意外变故等的学生，促进每个学生健康发展。

（3）普通学校特殊教育师资专业度

融合教育师资的专业度可从师资配备、培养培训、激励机制等方面开展评价。考量特殊教育师资的专业程度可以重点关注以下三个方面。

第一，是否按规定配备资源教师（特殊教育专职教师），并担任校内特教教研组组长。

第二，资源教师（特殊教育专职教师）是否达到相关专业的资质要求。

第三，资源教师（特殊教育专职教师）是否在区域内特殊教育教师基本功大赛中取得良好的成绩。

(4) 普通学校融合教育保障度

融合教育是尊重并保障特需儿童平等享受基本公共教育服务权利的重要方式。融合教育的保障制度可以从经费投入、社会支持等角度开展评价。考量融合教育的保障程度可以从以下三个方面进行。

第一，特殊教育生均公用经费是否按当地普通学校生均公用经费的8倍以上拨付，到2025年每生每年不低于7 000元。

第二，是否实行特需学生全免费教育。

第三，是否形成尊重差异、多元包容的融合教育校园文化，并取得广泛的社会支持。

3. 普通学校特需学生发展状况的评价指标和具体内容

特需学生发展状况是融合教育质量最直接的体现，也是评价巡回指导工作服务质量的重要内容。考量特需学生的发展状况，需要从学生的认知发展和非认知发展两个方面入手。

(1) 认知发展

认知发展主要体现在学生课堂表现、学习兴趣、认知能力、学业发展水平等多个方面。评价特需学生的学业发展水平，不建议采用统一的考试形式，可根据学生个体实际，采用多元化的学业评价方式，通过个体内及个体间纵向和横向的对比，对学生学业发展做出全面、客观的评价，同时还要注意关注学生学业发展之外其他能力的发展状况。

(2) 非认知发展

非认知发展主要指特需学生的社会性发展情况，涉及生活自理、社会适应、学习习惯、学业参与、社会交往、职业准备、自我决策等多个方面。与认知发展相比较而言，特需学生的非认知发展水平很难通过直接观察做出判断，因此，需要创设社会交往的情境，在学生与他人的自然互动中，观察、判断其社会性发展水平。

二、巡回指导工作评价的实践操作

(一) 融合教育学校工作评价实操

通过对普通学校融合教育的质量进行监督和评价，达到以评促建、以评促改的目的，促进普通学校融合教育工作的全面开展。

1. 评价原则

① 方向性原则。要求普通学校融合教育工作的开展应坚持正确的导向，把学校的融合教育工作引导到正确的轨道上，以创建平等、接纳、尊重、合作的融合学校文化为导向。

② 全面性原则。融合教育工作是个复杂的过程，对学校开展的融合教育进行评价，不能以偏概全，要以局部代替整体，应该关注融合教育各个部分及其之间的关系，注意评价的全面性。

③ 客观性原则。从学校开展融合教育的实际情况出发，实事求是，注重调查研究，摒弃个人主观情感，不随意夸大或缩小事实。

④ 指导性原则。评价的目的是让开展融合教育的学校了解自己的优缺点，并在此基础上明确学校的发展方向，帮学校提高融合教育的水平和改进融合教育的实践方式。

2. 评价程序

评价程序见图1-2。

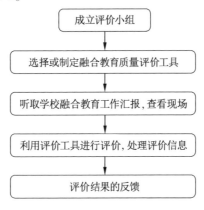

图1-2 评价程序

（1）成立评价小组

对普通学校开展融合教育质量的评价是一个较复杂、系统的过程，它不是某一个人或某一个职能部门就能解决的事情，因此，首先要成立评价小组。评估小组的成员一般以5~8人为宜，可由教育行政部门主管特殊教育的工作人员、特殊教育指导中心人员、校长、资源教师等既有一定权威性，又熟悉特殊教育的人员组成。

（2）选择或制定融合教育质量评价工具

在对一所学校开展融合教育的质量进行评价的过程中，评价人员一般会采用访谈法、问卷法、观察法等方法来了解融合教育的开展情况。其中选择或者制定合适的、科学的问卷评价工具能很容易获得学校融合教育的相关资料，帮助评价人员比较科学地进行数据分析。评价工具的制定，是一个相当专业的过程，本节选择林坤灿编著的《融合教育现场教师行动方案》中的《融合教育实施现况调查表》作为参考。

附：融合教育实施现况调查表

一、基本资料

学校：_____

1. 评量者身份（小组团队进行评量时可多选）
   ☐ 校长　　☐ 教导主任　　☐ 资源教师　　☐ 班主任
   ☐ 教育行政人员　　☐ 特殊教育教师　　☐ 普通班教师　　☐ 指导中心人员
   ☐ 其他：_____

2. 融合教育实施对象：（择一勾选）
   ☐ 年级：_____年级　　☐ 班级：_____班
   ☐ 年段：(低、中、高) 年度　　☐ 全校

3. 实施对象身心障碍状况：（可多选）
   ☐ 智能障碍　　☐ 学习障碍　　☐ 视觉障碍　　☐ 听觉障碍
   ☐ 语言障碍　　☐ 肢体障碍　　☐ 身体病弱　　☐ 孤独症
   ☐ 情绪行为障碍　　☐ 多重障碍　　☐ 发展迟缓
   ☐ 其他障碍（请注明_____）

4. 融合教育间隔评量时间：

☐ 两个月	☐ 三个月
今天日期：_____月_____日 +2月	今天日期：_____月_____日 +3月
下次评量：_____月_____日	下次评量：_____月_____日
☐ 六个月（一学期）	☐ 一年（一学年）
今天日期：_____月_____日 +6月	今天日期：_____月_____日 +1年
下次评量：_____月_____日	下次评量：_____月_____日

5. 学校设特教班情形：
   ☐ 没有设置身心障碍类特教班
   ☐ 设有身心障碍类特教班
   ☐ 集中式特教班（含学前特幼班）　　☐ 不分类资源班
   ☐ 巡回辅导班　　☐ 特殊教育方案
   ☐ 其他（请注明：_____）

6. 学校融合教育推进经验：（可多选）
   ☐ 学校无融合教育推进经验　　☐ 学校曾办理融合教育研习或演讲
   ☐ 学校曾办理融合教育活动　　☐ 学校目前正执行融合教育计划或活动
   ☐ 其他（请注明：_____）

（3）听取学校融合教育工作汇报，查看现场

学校融合教育开展得如何，只有学校自己最清楚，让学校进行工作汇报是最直接、最全面了解该校融合教育情况的方式。从大的方面来说，就是要听取学校对融合教育的投入、管理以及融合教育的质量这三大块的汇报。在融合教育的投入中，学校是否在软硬件方面都进行了建设，硬件方面如无障碍设施的建设、资源教室的建设、辅助科技的添置、融合教育环境的布置等，软件方面如师资的配备、课程的设置、教师培训计划、学校融合氛围、教师融合理念与知识等。管理方面，学校是否建立了融合教育团队，制定了与融合教育相关的各种制度（特殊学生招生制度、资源教师聘任制度、融合教育课程管理制度）等及执行的力度如何。在质量方面，如何促进融合教育学生的成长，如何激励融合教育教师专业能力的提高。在听取学校关于融合教育工作的汇报之后，要进行现场查看，就汇报中提到的信息，比如，外化设施设备、学生的档案材料、教师的培训材料等进行核实。

（4）利用评价工具进行评价，处理评价信息

本节提供《融合教育调查内容》（表 1-4）的使用过程，仅供参考。此调查表共四大层面，32 项指标，针对同一批人，通过初次评价和再次评价之间的差异来分析学校一段时间内融合教育开展的情况。此调查表采用德怀术①的研究方法制定，历经台湾地区 11 名专家和学者 3 次意见的交流，具有较高的科学性和可操作性。

① 初评环节。初评环节可设置为学期初或学年初。评价者填写基本资料之后，从"学校师生接纳与关怀""学校课程与教学调整""学校资源与支持系统""无障碍环境与辅助科技"四个方面填写调查问卷。每张问卷都设有"完全符合"到"不符合"7 个等级，评价者根据填写标准进行勾选。4 项问卷勾选结束后，要对评选的结果进行处理，方法是先统计 7 项中每项的勾选次数，然后再乘以其对应的分数，最后计算出 7 项的总分及平均分。

② 再评环节。再评环节可设置为学期末或学年末。方法和过程同初测一样，最终也要得到一个平均分。将初测分和再测分进行列表统计，并通过相关软件，比如 Excel，将列表图示化，以方便评价者直观、清晰地看出该校融合教育的发展情况，哪些方面有了发展和提升，哪些方面做得

---

① 德怀术（Delphi Technique）是指研究者针对某主题，请多位专家进行匿名、书面表达意见，并透过多次的意见交流而逐步获得最后结论的一种研究方法。

还不够。需要注意的是，再测的评价者与初测的评价者应是同一批人员。

表1-4　融合教育调查内容

一、学校师生接纳与关怀		完全符合	大多数符合	多数符合	半数符合	少数符合	极少数符合	不符合
1-1 教师会提供身心障碍学生课堂学习及表现的机会		☐	☐	☐	☐	☐	☐	☐
1-2 教师会适时与身心障碍学生互动		☐	☐	☐	☐	☐	☐	☐
1-3 教师会持续关心并改善身心障碍学生的班级适应情形		☐	☐	☐	☐	☐	☐	☐
1-4 教师会争取学生家长对身心障碍学生的接纳		☐	☐	☐	☐	☐	☐	☐
1-5 多数同学会协助促进身心障碍学生在班级中的适应		☐	☐	☐	☐	☐	☐	☐
1-6 多数学生会主动与身心障碍学生互动		☐	☐	☐	☐	☐	☐	☐
1-7 多数学生会主动协助身心障碍学生		☐	☐	☐	☐	☐	☐	☐
1-8 身心障碍学生有公平参加班级或学校各项活动的机会		☐	☐	☐	☐	☐	☐	☐
学校师生接纳与关怀评量小计	勾选次数小计	（　）	（　）	（　）	（　）	（　）	（　）	（　）	总分
	加权计算	×7（　）	×6（　）	×5（　）	×4（　）	×3（　）	×2（　）	×1（　）	（　）÷8=（　）

续表

二、学校课程与教学调整		完全符合	大多数符合	多数符合	半数符合	少数符合	极少数符合	不符合
2-1 教师会依身心障碍学生学习需求调整课程内容		☐	☐	☐	☐	☐	☐	☐
2-2 教师会依身心障碍学生状况调整课堂教学策略		☐	☐	☐	☐	☐	☐	☐
2-3 教师会依身心障碍学生需求实施弹性上课方式（如个别指导或分组教学）		☐	☐	☐	☐	☐	☐	☐
2-4 教师会用各种教学媒体协助身心障碍学生学习		☐	☐	☐	☐	☐	☐	☐
2-5 教师会依身心障碍学生学习状况适度调整作业难度与分量		☐	☐	☐	☐	☐	☐	☐
2-6 教师会依身心障碍学生状况教导其学习策略		☐	☐	☐	☐	☐	☐	☐
2-7 教师会依身心障碍学生需求调整教学情境		☐	☐	☐	☐	☐	☐	☐
2-8 教师会采用适合学生身心障碍状况的多元评量方式		☐	☐	☐	☐	☐	☐	☐
2-9 教师能营造身心障碍学生与一般学生融洽相处的班级气氛		☐	☐	☐	☐	☐	☐	☐
2-10 教师能针对身心障碍学生的问题行为采取适当的介入方法		☐	☐	☐	☐	☐	☐	☐
学校课程与教学调整评量小计	勾选次数小计	( )	( )	( )	( )	( )	( )	总分
	加权计算	×7 ( )	×6 ( )	×5 ( )	×4 ( )	×3 ( )	×2 ( )	×1 ( )	( )÷10 =( )

续表

三、学校资源与支持系统		完全符合	大多数符合	多数符合	半数符合	少数符合	极少数符合	不符合
3-1 学校会提供全体教师与特殊教育相关的资讯		☐	☐	☐	☐	☐	☐	☐
3-2 学校会提供教师所需要的特殊教育咨询管道（如行政咨询、教学协助等）		☐	☐	☐	☐	☐	☐	☐
3-3 学校会鼓励行政人员及教师参加特殊教育进修与研习		☐	☐	☐	☐	☐	☐	☐
3-4 学校定期办理特殊教育实务研习与融合教育宣导活动		☐	☐	☐	☐	☐	☐	☐
3-5 学校会主动举行定期或不定期的与特殊教育相关的会议		☐	☐	☐	☐	☐	☐	☐
3-6 身心障碍学生的任课教师会获得学校特殊教育教材和教法的资源或支持		☐	☐	☐	☐	☐	☐	☐
3-7 身心障碍学生的任课教师会获得学校或同事的协助（如人力、经费或相关资源）		☐	☐	☐	☐	☐	☐	☐
3-8 学校能整合校内外资源（如家长及相关专业服务等），给身心障碍学生、任课教师或家长提供支援		☐	☐	☐	☐	☐	☐	☐
学校资源与支持系统评量小计	勾选次数小计	（　）	（　）	（　）	（　）	（　）	（　）	总分
	加权计算	×7（　）	×6（　）	×5（　）	×4（　）	×3（　）	×2（　）	×1（　）	（　）÷8 =（　）

续表

四、无障碍环境与辅助科技		完全符合	大多数符合	多数符合	半数符合	少数符合	极少数符合	不符合
4-1 学校能依据身心障碍学生个别需求，主动调整学校环境（如针对肢障学生，调整教室位置等）		☐	☐	☐	☐	☐	☐	☐
4-2 校园动线设计能考量身心障碍学生的行动需求		☐	☐	☐	☐	☐	☐	☐
4-3 学校无障碍设施（如厕所、楼梯、斜坡道等）符合身心障碍学生的需求		☐	☐	☐	☐	☐	☐	☐
4-4 教室空间使用与各类设施能增进身心障碍学生的学习及与同学的互动		☐	☐	☐	☐	☐	☐	☐
4-5 学校能提供符合身心障碍学生学习所需的学习设备与资源		☐	☐	☐	☐	☐	☐	☐
4-6 学校能提供或协助申请身心障碍学生所必需的辅助科技		☐	☐	☐	☐	☐	☐	☐
无障碍环境与辅助科技评量小计	勾选次数小计	（　）	（　）	（　）	（　）	（　）	（　）	总分
	加权计算	×7 （　）	×6 （　）	×5 （　）	×4 （　）	×3 （　）	×2 ×1 （　）	（　）÷6 =（　）

（5）评价结果的反馈

经过初测和再测结果统计表数据的比对，可以清楚地看到学校融合教育四大层面的发展情况，可能比原来高，也可能比原来低。然后进一步分析每个层面的具体项目，以了解具体情况。比如，在"学校课程与教学调整"这个层面的分数有所提高,那么通过分析其具体的项目,总结学校开展融合教育的经验并分享,定期研讨学生情况,调整教材等,这些都是有助于融合教育发展的。反之,也是深入具体的条目进行分析。最后将这些结果以图或其他形式反馈到学校。

(二)巡回指导教师工作评价实操

巡回指导教师在融合教育中,扮演比较重要的角色,其工作质量会影响到融合教育的质量。可以采取有效的评价方式提高巡回指导教师工作的积极性和改进工作中的不足之处。

1. 评价原则

① 主体多元性原则。在对巡回指导教师进行评价的过程中,评价主体不能是单一的教育主管部门的领导或负责人,而应将评价主体进行外扩,包括学校领导、融合教育班级教师、学生家长和特殊教育指导中心负责人等。

② 方法多样性原则。为了能够全面了解巡回指导教师的工作,发现其工作中的优势和不足,可以使用多种评价方法。在评价的过程中,可采用过程性评价法、量化评价法、质性评价法等。

③ 客观、公正原则。巡回指导教师在工作的过程中,一定会和各级领导、学校教师、家长和学生相互协助,开展融合教育工作。这个过程中会有合作,也会有摩擦,这就要求参与评价的人员坚持实事求是的原则,客观、公正对待,不能带有个人的情感色彩,不能根据个人的好恶参与评价。

2. 评价程序

具体的评价程序见图1-3。

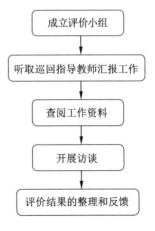

图1-3 评价程序

(1) 成立评价小组

对巡回指导教师开展评价之前，首先要成立评价小组，评价小组各成员在统一的指挥下确定评价工具，并分类开展评价活动，整理相关资料，以保障评价工作能够有序、按部就班地进行。评价小组的成员可由教育行政部门的领导、普通学校相关领导、特殊教育指导中心领导、融合教育教师、家长等组成。

(2) 听取巡回指导教师汇报工作

巡回指导教师在汇报前，根据标准要求和自己的工作实际，把自己一学期或一学年的巡回指导工作梳理成文。在汇报现场就自己的工作展开论述，要求全面汇报，既不夸大事实，也不过分谦虚，实事求是即可。评级人员根据巡回指导教师的汇报情况，进行初步的评价，待后面查阅相关资料再修正评价结果。

(3) 查阅工作资料

在听取巡回教师工作汇报之后，评价小组要根据其汇报的内容查阅相关的资料。查阅巡回指导教师指导工作方面的资料，如在普通学校资源教室的建立、校园环境的创设、融合课程的设置、个别化教育计划的制订等方面是否给予了积极的指导。查询巡回指导教师服务方面的资料，如在对融合教育教师培训的指导、特殊学生训练的指导、家长的沟通等方面是否提供了足够多的次数和质量方面的服务。查询资料之后，对照第一步的评价结果进行增加或删减的评价修正。巡回指导教师工作评价表见表1-5。

表1-5 巡回指导教师工作评价表

教师姓名		性别		评价日期	
评价项目		汇报情况 （是否有，次数）		资料查看情况 （是否有，次数，质量如何）	
评估筛查					
咨询指导					
课堂教学指导					
资源教室建设指导 （前期、中期、后期）					
个别化教育指导					
教师培训指导（全区）					
服务个案情况					
巡回次数					
其他					

(4) 开展访谈

为了更加客观、全面地评价巡回指导教师的工作，对相关人员进行访谈，是一种快速、有效的方法。对于访谈对象，可以从指导中心负责人、学校领导、融合教育教师、学生家长等入手。针对不同的访谈者，设置相关的访谈问题，要求被访者就相关问题做客观描述，评价者如实记录，也可以取得被访人同意后，先录音再整理。各类对象访谈提纲如下。

指导中心负责人访谈提纲

① 请谈谈某某老师对待巡回指导工作的态度。
② 对于某某老师的工作，指导中心是否收到来自校方、家长的反馈意见？请简单说明。
③ 请评价某某老师的专业能力是否胜任巡回指导工作。

学校领导访谈提纲

① 某某老师对学校融合教育的开展是否起到指导作用？请具体描述。
② 某某老师是否定期对特殊学生开展评估指导工作？效果如何？
③ 请谈谈某某老师在改变学校师生对融合教育对象认识方面的工作情况。
④ 学校遇到融合教育方面的情况，巡回教育指导教师是否及时介入？效果如何？
⑤ 请谈谈你对某某老师在你校开展巡回指导工作的评价。

融合教育教师访谈提纲

① 某某老师是否定期指导你们开展融合教育？请具体描述。
② 请谈谈某某老师对融合教育学生进行教育的情况。
③ 某某老师在补救教学、康复训练等特殊教育方法方面是否开展了定期指导？
④ 请谈谈某某老师进入课堂的听课情况，以及课后交流情况。
⑤ 请谈谈你对与某某老师合作的情况的总体印象。

学生家长访谈提纲

① 您的孩子在某某老师的干预教育下，发生了哪些变化？请简单描述。
② 某某老师是否对您孩子的家庭教育提供了帮助？具体情况怎样？
③ 当您需要咨询，向某某老师寻求帮助的时候，他的态度如何？咨询对您的家庭教育是否有帮助？

(5) 评价结果的整理和反馈

评价结束后，评价小组要对评价结果进行整理，对可以形成量化的评价（如工作量、培训指导的次数等）进行汇总分析，确定最终的量化结果。对于无法进行量化的部分，通过小组共同讨论，采用质性的评价，最终形成一份完整的评价结果，并将其反馈给巡回指导教师个人和相关部门。反馈给巡回指导教师个人的要以肯定为主，调动教师的工作积极性，但也要适当地提出不足之处，帮助巡回指导教师取得进步。对反馈给相关部门的评价（巡回指导教师工作的优点和缺点）都要客观描述，特别要建议对工作出色的教师给予物质和荣誉方面的奖励，起到激发巡回指导教师工作积极性的作用。

三、巡回指导工作评价的总结与反馈

如果对巡回指导工作只有评价，却不将评价的结果进行总结和分析，那么这个评价就不能发挥其应有的作用。巡回指导工作评价的总结可以从四个方面进行：开头部分、评价对象取得的成绩、评价对象存在的不足、意见和建议。

1. 开头部分

总结的第一部分，是对本次评价工作的总体描述。这部分要介绍本次的评价时间、评价地点、评价目的，介绍评价人员的组成、评价对象（单位或个人）和评价的内容，对评价过程中使用的一些方法也要进行介绍，除此之外，还要对评价工作的开展过程进行说明。

2. 评价对象取得的成绩

总结的第二部分，可以就评价对象所取得的成绩进行肯定。比如，就学校在融合教育的环境建设、制度建设、管理工作方面或者个人的学习态度、工作态度、实际成绩等方面进行肯定，使得评价对象产生成就感和被认同感，激发评价对象在开展融合教育工作的过程中能够主动地发挥自觉能动性，以更加饱满的状态，投入提升融合教育质量的工作中去。

3. 评价对象存在的不足

总结的第三部分，列出评价对象存在的不足之处，帮助评价对象发现问题，通过前期的评价过程中发现的问题，以引起评价对象的注意，了解其存在的不足。评价小组在这些问题的基础上帮助评价者就这些问题进行分析，找出导致出现这些问题的背后原因，最后对这些问题进行归类和总结，找出主要问题，并写入报告。

4. 意见和建议

总结的最后部分，评价小组根据评价过程中所掌握的情况对评价对象提出意见和建议，帮助评价对象改进工作。在提出改进工作的意见和建议时，评价小组要充分听取评价对象的意见，将自己提出的解决方案和评价对象的诉求进行同步讨论、分析，找出解决当前主要问题的最有效的解决方案，写入总结，以供评价对象在实际工作中参考。

结束语

巡回指导教师是学校全面实施融合教育的专业支撑力量，其良好的专业素质和专业化水平，对提高融合教育质量具有重要意义。

本章第一节，从实际出发，科学、合理地建构出在融合教育大背景下巡回指导教师应该具备的专业素养，努力培养优秀且高质量的融合教育师资队伍。本章第二节，基于巡回指导工作的内容概况，以服务特需儿童为目标，有序架构起巡回指导工作开展的基本框架，以期呈现思路清晰、内容完整的巡回指导工作实施步骤。本章第三节，详细介绍了个别化教育计划的制订和实施步骤。本章第四节，对融合教育巡回指导工作评价所涉及的各个环节展开探讨，包括巡回指导工作评价指标的基本框架、实践操作、总结与反馈等内容。巡回指导工作质量是评价融合教育工作最为直接的指标，不仅能对当前融合教育实践的状况形成清晰的认识，更能为下阶段巡回指导工作的开展提供科学的依据。因此，巡回指导工作的评价应当树立教育公平、以人为本、注重发展的基本理念。另外，从巡回指导工作的成效、普通学校融合教育工作质量和特需学生发展状况三个方面入手，阐述了融合教育巡回指导工作的评价问题。在应用过程中，评价主体可组建评价工作小组，依据一般评价程序，选择符合实际的评价方法，综合各方信息和意见，以形成对巡回指导工作质量的客观评价。

第二章

融合教育巡回指导教师的培养路径

第一节 国内外巡回指导教师的培养路径

一、国内巡回指导教师的培养路径

巡回指导教师的专业水平在很大程度上决定了特殊学生随班就读的效果及区域融合教育的质量，但是不少学者指出，当前的巡回指导教师发展正面临角色定位不清、专业能力不足等现实问题。李拉（2012）指出，国内对巡回指导的功能认定模糊，强调间接服务功能（家长咨询、教师指导等）而可能忽视核心功能，即直接为特需学生提供康复训练等；此外，国家政策多是提出指导性意见，缺乏对巡回指导教师具体的规范和要求的说明，导致保障机制和管理体制的缺失，巡回指导的实践多依靠特殊教育学校教师的自觉和责任感，呈现自发性和随意性。[①] 同样是对制度的研究，张悦歆、王蒙蒙（2017）针对随班就读巡回指导教师制度研究进展，提出我国目前还没有形成专门的、广泛适用的、成体系的巡回指导教师制度。[②] 巡回指导教师面临工作职责复杂而难以充分履职、教师编制难以保障等问题。类似北京市海淀区能够研发出较成熟的巡回指导工作流程，开发《巡回指导工作手册》的地区仍是少数。面对巡回指导教师发展存在的现实问题，孙颖和其他人（2022）指出，厘清巡回指导教师的专业素养，开展针对性培育是加强巡回指导教师队伍建设、保障巡回指导工作有效性和提高

[①] 李拉. 随班就读巡回指导的现实困境与对策 [J]. 现代特殊教育，2012（7）：31-33.
[②] 张悦歆，王蒙蒙. 随班就读巡回指导教师制度研究进展和建议 [J]. 中国特殊教育，2017（11）：3-7, 13.

融合教育质量的前提和需要。①

学界认为教师专业素养结构包括教育理念、专业知识和专业能力三个部分。2015年教育部出台的《特殊教育教师专业标准（试行）》也是按照这一结构，从专业理念与师德、专业知识及专业能力三个维度对特殊教育教师提出了必备的专业要求。但是，由于巡回指导教师的工作职责、工作环境、工作对象等具有特殊性，一名合格的巡回指导教师应具备的专业素养与其他类型的特殊教育教师有所不同。但通过相关政策可知，我国对巡回指导教师的培育机制仍处于宏观指导层面，如1994年《关于开展残疾儿童少年随班就读工作的试行办法》第三十条规定："县级教育行政部门应当委派指导教师，对残疾儿童少年随班就读工作进行巡回指导。"2009年《关于进一步加快特殊教育事业发展的意见》（国办发〔2009〕41号）中明确提出"重点推进县（区）级随班就读支持保障体系的建立和完善""建立特殊教育学校定期委派教师到普通学校巡回指导随班就读工作的制度，确保随班就读的质量"。一期计划中虽然对特殊教育教师上岗资格做出了要求：研究建立特殊教育教师专业证书制度，逐步实行特殊教育教师持证上岗。制定特殊教育学校教师专业标准。推动地方确定随班就读教师、送教上门指导教师和康复训练人员等的岗位条件。将特殊教育相关内容纳入教师资格考试。针对特殊教育学校学生少、寄宿生多、残疾差异大、康复类专业人员需求多等特点，可结合地方实际，出台特殊教育学校教职工编制标准。但总体来看，国内已有的研究主要针对特殊教育教师群体，而缺少对巡回指导教师培育机制的专门研究。

巡回指导教师具有专业性，通常由来自特殊教育学校的、具有丰富特殊教育经验的教师担任；巡回指导教师具有灵活性，根据专业背景与任务分工，巡回指导教师具体可以分为听障、视障、智障、孤独症教育等专业教师，以及康复训练师、心理治疗师等专业人员，可以根据普通学校随班就读工作中的需要和问题，针对性地安排进行巡回指导工作的专业人员和指导内容。李拉（2012）指出，我国随班就读的巡回指导工作仍处于一种自发、无序的状态。在随班就读的迫切需要和全纳理念的推动下，特殊教育学校自发地为随班就读学生提供专业支持服务，自发性的巡回指导开始出现，并逐渐成为一种为随班就读提供支持的常规方式。② 巡回指导教师

---

① 孙颖，杜媛，史亚楠，等．融合教育背景下巡回指导教师专业素养建构研究［J］．中国特殊教育，2022（6）：33-42．

② 李拉．随班就读巡回指导的现实困境与对策［J］．现代特殊教育，2012（7）：31-33．

的选任依靠特殊教育学校教师的自觉和责任感，系统性和保障制度的缺失导致巡回指导教师的选拔与任用面临缺乏具体的操作规范和要求的现实问题。

王艳杰（2015）认为，具有特殊教育和普通教育双重专业背景的教师是巡回指导教师的最佳人选。[①] 一方面，他们具有特殊教育的理论知识、专业技术；另一方面，他们了解普通教育课程，熟悉教材和教法，因而能全方位地处理学生的问题。另外，具有特殊教育专业背景或者具有多年特殊教育工作经验的特殊教育教师也是巡回指导教师的合适人选。他们在普通教育课程、教材和教法上的欠缺可以通过后期的培训弥补。

张悦歆、王蒙蒙（2017）指出，巡回指导教师是随班就读主要的支持来源，而我国目前还没有形成专门的、广泛适用的、成体系的巡回指导教师制度。[②] 巡回指导教师的角色可形象地概括为融合教育的支持者和资源提供者、合作者、协调者、督导者。由于我国巡回指导教师大多由特殊教育学校或资源中心委派，约90%的巡回指导教师是兼职，本身还肩负特殊教育学校的教学、科研等任务，承担其他特殊教育教师的职责。

从实践上看，我国最早的巡回指导实践可以追溯至1987年徐白伦先生主持的"金钥匙视障儿童随班就读实验"。该阶段是巡回指导教师的萌芽时期，具备以下三个特点。

第一，实验点与盲校建立的无行政隶属关系，以及无编制、无制度化的横向业务指导关系：金钥匙视障儿童教育计划试点时期，视障儿童的教育主要由辅导教师（由盲校教师或学科教师担任，对随班就读视障儿童进行盲文教学的老师）负责，多数试点县设置了特殊教育教研员、总辅导教师、巡回指导教师，建立了与盲校的业务联系，但未形成独立的业务指导系统。相关的指导人员附属于教师进修学校、特殊教育学校或者教育行政部门，工作力度随着上级工作安排的不同而有变动。从总体上看，无法给予持续性的指导，多数兼职的指导教师不是特殊教育出身，专业指导能力有限，业务指导的专业性有待提高。

第二，教育行政系统的教学研究部门的人员参与视障儿童随班就读的业务指导，有些地区设立兼职的特殊教育教研员，该阶段的巡回指导多为阶段性的，一方面是因为普通学校教研工作繁忙，另一方面是因为非特殊

[①] 王艳杰. 巡回指导是推进融合教育的有效支持形式 [J]. 现代特殊教育, 2015 (7)：59-61.
[②] 张悦歆, 王蒙蒙. 随班就读巡回指导教师制度研究进展和建议 [J]. 中国特殊教育, 2017 (11)：3-7, 13.

教育背景出身且专业能力有限。在视障儿童随班就读实验的大力支持下，教学研究部门及其人员经常到视障儿童随班就读点听课，开展研究工作，指导教师并解决问题。如黑龙江省禅南县在教师进修学校设特殊教育研究员；黑龙江省宁安市教师进修学校教研部经常深入实验点，多次组织教研、听课、公开课，开展教学研究活动。

第三，河北省创设县级总辅导教师，明确选任的条件和职责，这是我国巡回指导教师的雏形：试点县在特殊教育学校或县教研室或教委设置总辅导员，河北省保定地区行政公署教育委员会文件明确规定市县教委设视障儿童随班就读教育总辅导员，并明确规定了总辅导员负责组织对适龄视障儿童的调查摸底，审查任教教师，组织教师参加培训，进行巡回辅导、检查，统一订购教学用具、图书资料等。视障儿童总辅导教育实际上兼具后来各地在建立随班就读支持保障体系过程中设立的县级巡回指导教师和县级特殊教育管理干部的职能。

总的来说，实践初期巡回教师的选择遵循教师就地选拔原则，多为特殊教育教师担任或其他教师兼任的形式，以应对教育资源不足的现实发展困境，总体未出现巡回指导教师选任和培育的制度化。在金钥匙工程实践期间，巡回指导教师得到了进一步的发展。

广西金钥匙工程（1996—1998年）和内蒙古金钥匙工程（1999—2003年）实施的时候，均要求县（区）配备巡回指导教师作为县级的业务指导力量，保障了县级层面对视障教育的业务指导和管理。但一方面当时的巡回指导教师只是一个工作岗位，并非独立的业务指导组织。广西金钥匙工程各县（区）配备的巡回指导教师是隶属于当地教育行政部门管理的。虽然有些有特殊教育学校的地方也会抽调特殊教育学校的教师任巡回指导教师，但特殊教育学校并不能发挥业务指导作用，抽调的巡回指导教师事实上还是归教育行政部门直接管理。如广西田东县特殊教育学校的黄秀芳，县教育局派她参加了1996年广西举办的金钥匙工程管理干部和巡回指导教师培训班，此后县教育局抽调她担任县的巡回指导教师。她在教育局的领导和部署下，担负起了培训辅导教师，深入基层，采用多种形式交流本县的经验。她的这些工作都没有和她抽调前所在的田东县特殊教育学校有什么关系。广西金钥匙工程县级的巡回教师依附于教育行政管理机关，一旦工程结束，县级的工程行政管理网络停止运转，县（区）配备的巡回指导教师也往往无法履行业务指导的职责。

另一方面，县（区）配备的巡回指导教师多为兼职，再加上没有专门的县级业务机构进行管理，巡回指导教师投入业务指导的精力有限。以内蒙古金钥匙工程兴安盟为例，科右中旗的巡回指导教师由小学语文教研员兼任，科右前旗的巡回指导教师由幼教教研员兼任，突泉县的巡回教师由小学语文教研员兼任。兴安盟2003年的金钥匙工程实施情况的通报就指出，巡回指导教师不能按要求进行业务指导，不能充分发挥教研员指导的作用，视障儿童随班就读的质量受到了影响。为了提升随班就读的质量，实现视障儿童教育的可持续发展，客观上要求建立独立的业务部门，把县级的巡回指导等工作纳入统一的组织管理中去。

金钥匙工程在建立各级行政管理和业务指导组织网络的基础上，县级教育系统内主要设置了辅导教师、巡回指导教师和特殊教育管理干部三个岗位，并明确规定了选拔范围和相应的工作职责。其中巡回指导教师从县特殊教育学校或教研室选拔，负责全县视障儿童的筛查、鉴定、教学分类和建档，对辅导教师定期进行巡回指导，组织县级评估和经验交流，对新任辅导教师进行培训等。2005年后，随着金钥匙工程强调建立县级特殊教育教研中心，县特殊教育管理干部和巡回指导教师均为县级特殊教育教研中心的成员，这样巡回指导教师和县特殊教育管理干部的工作职责有所整合。三类人员选拔后要填写登记表，建立辅导教师和视障儿童的师生对应表，巡回指导教师还要整理完成《视障学生情况一览表》，方便日后各项工作的开展和管理工作。

金钥匙工程要求辅导教师、巡回指导教师、特殊教育管理干部持证上岗，在上岗培训结束后，给考试合格者发结业证书。此外，市级特殊教育指导中心的教师和省级视障教育资源中心的教师也有一些巡回指导的任务。

实施金钥匙工程期间，我国巡回指导教师在实验地区得到了较系统的发展，确定了上岗资格和培训模式，厘清了其中的发展脉络，这对我国巡回指导教师队伍的建设具有一定的参考价值。但由于我国仍然处于政策的宏观指导时期，各地区在巡回指导教师选任和培育上表现出一定的差异性，笔者搜集了部分具有代表性的资料。

1. 北京市巡回指导教师培养

按照2009年的通知，"重点推进县（区）级随班就读支持保障体系的建立和完善""建立特殊教育学校定期委派教师到普通学校巡回指导随班就读工作的制度，确保随班就读的质量"。北京市海淀区初期的巡回指导教师主要是特殊教育学校的教师，后成立了独立的特殊教育研究与指导中心，巡回指导教师即为特殊教育中心的教师。总的来说，随着行政组织的变化，北京市海淀区巡回指导教师的选任经历了三个阶段：① 特殊教育教师兼任巡回指导教师；② 特殊教育教师成为专职巡回指导教师（2010年开始，特殊教育学校设有专职的巡回指导教师岗位，区内巡回指导工作走向常态化、规范化、专门化）；③ 特殊教育中心教师成为专职巡回指导教师（2016年北京市海淀区特殊教育研究与指导中心成立，拥有独立的建制和法人地位，有15个编制人员，巡回指导教师的数量得到了保障）。

在巡回指导教师的配备上，《北京市教育委员会、北京市人民政府教育督导室、北京市残疾人联合会关于进一步加强随班就读工作的意见》指出："各区县要设立有单独编制和管理人员的特殊教育中心，可建立在当地特殊教育学校内。加强对本区域随班就读工作的管理、研究、指导。健全以特殊教育中心为核心的随班就读管理体系和服务机制，建立巡回指导教师制度，有条件的区县教育行政部门应为特殊教育中心配备专职或兼职特殊教育教科研人员。完善特殊教育中心的教研、科研、资源开发和教师培训体系，配备高素质教科研人员，确保各项职能的发挥。"《北京市残疾儿童少年随班就读工作管理办法（试行）》第九条规定，"特殊教育中心应设专职负责人和巡回指导教师。建立专、兼职巡回指导教师队伍"。明确提出"每10所接收随班就读学生的学校配备1名巡回指导教师"的标准。

北京市根据国家政策结合自身的发展特点因地制宜地进行了地方性政策的补充和完善，从任职、编制、培养等方面明确了巡回指导教师的角色定位和工作职责，形成了比较成熟的巡回指导模式。学者通过研究发现，海淀区自2011年起，为了更好地满足区内学生的教育需要，实现区内义务教育的均衡发展，依托区内特殊教育学校组建了一支专业的巡回指导教师团队。在组织建设上，北京市海淀区特殊教育中心对上直接联系区教委，对下直接联系各个学校，建立了点面结合、普特融合、专业整合的工作模式。特殊教育中心形成了以中心办公室为业务龙头，以科研部、评估部、培训部、宣传部和资源部五个部门为核心，以融合教育、康复训练、送教上门三个中心为专业技术支持的组织结构体系。组织结构内部一室、五部门、三中心在各司其职的同时，为巡回指导工作提供有力保障。海淀区通过定期或不定期委派巡回指导教师的方式进行工作，区巡回指导教师由特殊教育中心委派，由有特殊教育学、普通教育学、心理学、康复学、管理学等专业背景的教师团队组成。此外，海淀区还将普通学校资源教室和资源教师纳入巡回指导体系中，以学区为单位，建立资源学区共享的服务模式。

在教师培养层面，北京市海淀区实行"分类培养、分层提高"的培养机制，以及"专项培训+实践反思+教育研究+专业指导"的培养方式，使巡回指导教师成为融合教育工作的多面手。

2. 上海市巡回指导教师培养

上海市在对巡回指导教师的选任和培育上将特殊教育学校管理和区县教育行政部门的管理进行结合，统筹安排巡回教师的任职，对教师的专业经验和能力从政策上提出了详细的要求。

《上海市教育委员会关于加强随班就读工作管理若干意见》（2006年）指出："特教康复指导中心可设专职负责人，也可由区县教育行政管理人员或学校校长兼任该中心负责人。一般设2名专职巡回指导教师，区域内有随班就读学生的学校超过30所的，设3名专职巡回指导教师，编制挂靠在特教学校。普通学校的专职资源教师和区县专职巡回指导教师的编制由各区县教育行政部门在总编制上统筹解决。"在任职资格上规定"特教康复指导中心的巡回指导教师必须取得相应的教师资格，持有上海市特殊教育岗位证书，有5年以上从事特教工作的经历，爱岗敬业，具有一定的组织、指导、研究、管理能力"。在师资培训上"市、区县师资培训部门要将随班就读教师和巡回指导教师的培训纳入计划，采用多种方式，开展教育教学、康复训练等各种内容的有针对性的培训，使教师丰富特殊教育专业理论知识，掌握实际操作技能，从而帮助教师提高开展随班就读教育教学的能力"。

3. 广州市巡回指导教师培养

早在2008年，广州市就对巡回指导教师的编制做了说明："各区县级市专职巡回指导教师的编制由各区（县级市）教育行政部门在总编制中统筹解决。"准入标准为随班就读工作指导中心的巡回指导教师必须取得相应的教师资格，持有广州市特殊教育培训证书，有从事特殊教育工作的经历，爱岗敬业，具有一定的组织、指导、研究、管理能力。

4. 青岛市巡回指导教师培养

青岛市在2009年的《关于进一步加强残疾儿童少年随班就读工作的通知》规定："特教学校要安排足够的专职巡回指导教师承担随班就读教育康复指导工作。专职巡回指导教师同时兼任普通学校设立的资源教室的专职资源教师。"在任职资格上要求"巡回指导教师须具有特殊教育岗位培训证书，有3年以上从事特教工作的经历，具有一定的组织、指导、研究、管理能力"。

5. 扬中市巡回指导教师培养

江苏省扬中市在2007年的《关于加强我市残疾儿童少年随班就读工

作管理的意见》规定："市特教康复指导中心设在特教中心，负责人由特教中心校长兼任，另设 4—5 名随班就读巡回指导教师，由特教中心专业教师兼任。"另外，"市教师进修学校要将随班就读教师和巡回指导教师的培训纳入计划"。

6. 厦门市同安区巡回指导教师培养

在落实区一期提升计划实施意见基础上，厦门市同安区先后出台《厦门市同安区人民政府关于开展随班就读实验区工作的通知》等文件，将巡回指导教师、资源教师等培养纳入继续教育规划，实施特殊教育专业能力提升工程，分类施策，精心打造三个融合教师团队。

厦门市同安区推选区特殊教育学校理论扎实、技能过硬的教师组成巡回指导教师团队，由 12 名特殊教育学校教师对接 4 个试点校开展随班就读工作。每个试点校指派 3 名巡回指导教师，包括 1 名担任组长的骨干教师、1 名优秀教师和 1 名新教师，并以此梯队架构模式，不断加强队伍的建设，培养一批骨干力量。其培养方式主要为培训深化和跟岗学习。培训深化是指对巡回指导教师从深度和广度上进一步培训专业知识和技能，跟岗学习则是指安排特殊教育教师进入普通学校进行实地学习，了解普通教育知识，从而具备特殊教育和普通教育的双重知识背景，促进专业成长，从而更有效地进行巡回指导。

7. 黑龙江省巡回指导教师培养

黑龙江省实行特殊教育教师双重资格证书管理制度。凡具有普通教育教师资格证书的教师均可以参加省统一组织的考试，待获得特殊教育资格证书后可申请从事特殊教育工作；应届师范类高校毕业生可直接参加省统一组织的考试，获得特殊教育资格证书；已从事特殊教育工作的在职教师必须通过考试，获得特殊教育资格证书。连续 3 次不能通过资格考试的，不能直接从事特殊教育教学。

黑龙江省的设计不仅能从资格认定上保障特殊教育教师的专业水平，在一定程度上还可以提高具有普通教育和特殊教育双重教育背景的优秀师范人才的师资储备，具有一定的参考意义。

8. 台湾地区巡回指导教师培养

台湾地区已建成从学前教育到高等教育的融合教育体系，形成了相对完善的巡回指导制度，并且设置了专门的巡回指导教师岗位及制定了相应的管理制度。台湾地区最早于 1967 年开始采取巡回指导的安置方式，推行视觉障碍学生混合教育计划，即将视觉障碍学生安置在普通学校的普通班级中，并安排巡回指导教师定期前往辅导。后来台湾各县市都开始了视觉障碍混合教育，并陆续扩充障碍类型，如成立孤独症巡回辅导班。曾米岚（2018）就指出，台湾学前融合教育逐渐得到重视，发展服务体系逐渐完善化、精致化。台湾地区学前教育阶段特殊幼儿的安置除普通班外，分为以下三类：特教班、资源班、巡回指导班。①

关于巡回指导班的运作方式，台湾各县市互有差异，主要有以下两种：在家教育（主要针对重度、极重度障碍的学生）和到校指导（该校特殊学生达到一定人数，可以由设巡回指导班的学校长期指派1至2位特殊教育教师驻点服务特殊学生）。巡回指导教师扮演着5种角色，分别是咨询者、教练、评估者、团队成员、服务协调者，以合作咨询为主，以教育、照养和教学指导为辅。

在巡回指导教师行政支持系统的建设中，要制定明确的巡回指导相关制度，改善工作环境，合理分配巡回指导教师，并提供交通经费补贴，加强行政支持，以使沟通渠道保持畅通。对学前巡回指导教师实施教师评鉴制度，监督其服务成效，并将成效及时反馈给教师与家长，提升巡回指导教师的工作成效。

在巡回指导教师任职资格方面，台湾地区明确规定巡回指导教师应由取得相应障碍类别教学资格证书的特殊教育教师担任，巡回指导的对象应与其资格证书中的障碍类别相一致。台湾地区结合当地多年来培养巡回指导教师的经验，提出视障儿童巡回指导教师须有伸缩性的工作时间表，以有计划地工作；须发展出一种教学方法，了解每一个视障儿童与普通儿童及整个学校环境之间的关系；能在一指定区域内，利用公共交通工具或汽车旅行，并能独自完成巡回指导工作。

在台湾地区，部分巡回指导教师的编制在各县市政府教育局。

台湾宜兰县规定每满6名特需学生，则增设1名巡回指导教师，每减少10名学生，则减置1名教师。然而台湾南部的特殊教育学校反映，仅有6名巡回指导教师服务于南部众多县市的巡回指导工作，有的县甚至由1名教师独立承担学前至中学的巡回指导工作。随着台南、高雄等县市的合并，部分教师服务的地域范围更大了，巡回指导质量难以保证。

总的来说，台湾地区各县市在巡回指导教师管理上略有不同，整体呈现出教师人员配备灵活的特点，能基本满足巡回指导需求。各地教育局根据需求，选取一所或多所特殊教育学校作为巡回指导中心，下设区域特殊

---

① 曾米岚. 我国台湾地区学前巡回指导教师工作的经验与启示［J］. 现代特殊教育，2018（3）：78-80.

教育资源中心，为区域内学校提供巡回指导服务。教育局直接领导资源中心工作，巡回指导中心学校校长兼任中心执行主任，以此协调校内特殊教育资源和组织巡回指导工作。每年巡回指导教师的数量由各地方教育部门和资源中心根据有巡回指导需求的学生的数量进行调整。另外，巡回指导中心学校从在职特殊教育教师中选拔巡回指导教师，教师的管理由学校统一负责。单一授课型的教师培训，难以满足巡回指导工作的复杂性，细化巡回指导的障碍类型，进行多维度、多形式的培训尤为重要。

9. 香港巡回指导教师培养

香港对特殊学生的安置形式与内地大致相同，主要包括特殊教育学校和普通教育学校两种。其中重度或多重障碍学生就读于特殊教育学校，其他特需学生就读于普通学校。香港推行全校参与的"三层支援模式"。第一层次为通过"早识别"和"优化课堂教学"，满足障碍程度最轻的学生；第二层次主要采取在普通班级教学或提供辅导的形式对中等障碍程度学生进行补偿教育；第三层次主要通过提供一对一训练等个别化支持，帮助重度智力障碍、视力障碍、听力障碍学生接受教育。三层支援模式的层次会根据学生的发展情况及时进行调整。

在教师培养上，香港教育局1960年就成立了特殊教育组，为特殊教育学校及残疾学童特别班的在职教师提供教育培训。香港的教师培训方式在时长和津贴鼓励上为提高特殊教育教师专业性和减少流失率做了很多工作，包括但不限于改动培训机制，扩充培训内容，延长培训时长，加大教育津贴。香港教育局设置了不同的专业融合教育证书课程供教师修读，同时规定每所学校均需要确保全校不少于15%的教师曾修读过基础融合教育证书课程，全校不少于6位教师曾修读过高级融合教育证书课程。要求普通学校老师学习特殊教育知识，在一定程度上可以减轻巡回指导教师在专业方面的压力，但有学者指出，香港普通学校的教师仍普遍缺乏特殊教育的相关知识，香港教育局应该委派特殊教育学校的教师出任巡回指导教师，每位巡回指导教师支持两至三所普通学校，为受助学校的资源教师、学科教师提供课程设计等方面的意见，加强教师之间的交流和共同合作，共同促进融合教育的发展。

二、国外巡回指导教师的培养路径

巡回指导在国外通常被称为"巡回教学"（Itinerant Teaching），承担巡回指导工作的教师被称为巡回指导教师。在英文中，itinerant 有"巡回的、巡游的"含义。巡回指导教师主要指教师不是固定地属于某一所普通学校，而是在若干所普通学校之间巡回指导，因而有时候也被称为 Visiting Teacher 或 Peripatetic Teacher。

1. 澳大利亚巡回指导教师的培养

澳大利亚奥里亚新南威尔士州要求每一所学校都要建立学习支持团队，包括学习支持教师、巡回支持教师（Itinerant Support Teacher）、校长助理、学习支持辅导员、专业顾问。巡回支持教师主要由来自当地特殊教育学校的特殊教育专业人员担任，包括听障巡回支持教师、视障巡回支持教师、早期干预巡回支持教师三种类型。

2. 加拿大巡回指导教师的培养

加拿大阿尔伯塔省的融合学校中提供专业支持力量的是融合教育指导教练。融合教育指导教练指在普通学校里具有特殊教育专长的人员，通过指导与合作，增强普通班级教师面向特殊教育需要学生的能力。阿尔伯塔省融合教育指导教练主要被定位于引领普通学校学科教师融合教育能力提升的导师、融合教学的引导者与学校融合环境的建造者。应聘者须具备研究生学历，修完特殊教育的相关课程，且具备一定的在特殊教育学校工作的经验。

3. 美国巡回指导教师的培养

从世界范围内来看，在融合教育的推进过程中，为了解决普通教育机构缺乏专业支持的问题，由专门的特殊教育机构参与融合教育，提供巡回指导服务已经成为世界各国融合教育发展的普遍做法。以开展融合教育相对较早的美国为例，早在1938年的加利福尼亚州和1943年的新泽西州，就已经出现了针对特殊儿童的巡回指导模式。

纽约明确规定巡回指导教师应由取得相应障碍类别教学资格证书的特殊教育教师担任，巡回指导的对象应与其资格证书中的障碍类别相一致。

在美国，取得相应资格证书的听障儿童巡回指导教师还要满足美国聋生教育协会的任职要求，具备评估、管理学生行为的技能，能与相关工作人员开展交流与合作，发展自身的专业技能与情感。美国融合教育教师团队建设强调不同类型教师的协同合作，2012年美国特殊儿童委员会（The Council for Exceptional Children，CEC）在修订的特殊教育教师任职资格标准中，将"合作能力"作为标准之一。在职责分配上，帕格伦（Pogrund）和考思（Cowan）基于视障学生的需求，设计出有良好信度和效度的量表来帮助巡回指导教师确定服务的时间、频率、类型与服务量。

4. 英国巡回指导教师的培养

英国学校培训与发展署（Training and Development Agency for Schools）

提出，特殊教育教师要发现并满足特需儿童的特殊教育需要，帮助特需儿童在学校和社区中学习，不断提升自己的专业能力等。李艳和昝飞指出，英国特殊教育教师的任职资格采用"普通教师资格+特殊教师资格"双证制度，普通教师的职前培养中也包含了特殊教育要素。

1994年，英国《特殊教育需要鉴定与评估实施章程》要求每所普通学校都要任命一名特殊教育需要协调员，这名协调员需要做以下一些工作：负责学校特殊教育政策的运转；联络教师，向教师提出建议；协调为特需学生提供各种服务；继续完善学生的《特殊教育需要诊断报告》，并核查所有记录；开展从业人员的在职培训；与外部机构联络；征询专家意见等。1998年英国教师培训机构和2001年《特殊教育需要实践准则》进一步划分和明确特殊教育需要协调员的职责，这样可以有效避免实践过程中的盲目性和随意性。但未对特殊教育需要协调员的资格进行要求与限定。2008年英国《教育条例（特殊教育需要协调员）》规定特殊教育协调员必须是合格的教师，并通过接受培训以履行其职责。此外，他们还建议将特殊教育协调员作为学校领导团队中的一员。特殊教育协调员的职能范围扩大，在制度上走向领导者的发展趋势。为了进一步解决缺乏相关培训与资格认证的问题，英国教育部规定，2008年9月1日之后任命的特殊教育协调员若无12个月以上的工作经验，则必须在任命3年内获得国家特殊教育需求协调员资格。

5. 韩国巡回指导教师的培养

韩国《特殊教育法》明确要求设置特殊教育支援中心，其主要任务是早期发现、诊断评估、信息管理、特殊教育研修、支援学习教学活动、支援特殊教育相关服务、巡回教育等。本地区的特殊教育支援中心要为普通学校融合教育提供巡回服务，保证每个学生每学年150课时的教育服务。

6. 德国巡回指导教师的培养

自20世纪90年代以来，随着"随读优先"教育安置政策的施行，德国传统的特殊教育学校逐渐转型成为以巡回指导为主的咨询指导机构。

三、国内外巡回指导教师的比较

笔者从任职资格、师生比例、职责分配、角色定位、专业培养几个方面进行国内外巡回指导教师选任机制和培养模式的比较。

1. 巡回指导教师的任职资格

教师的任职资格主要取决于教师需要获得的资格证书和实际所具备的能力两个方面。国内外研究均指出，巡回指导教师一般应由持特殊教育教学资格证书的教师担任。如上海市明文规定，特殊教育康复指导中心的巡回指导教师必须持有上海市特殊教育岗位证书；广州市要求随班就读工作指导中心的巡回指导教师必须取得广州市特殊教育培训证书；台湾明确规定巡回指导教师应由具备相应障碍类别教学资格证书的特殊教育教师担任，巡回指导的对象应与资格证书中的障碍类别相一致。美国纽约也明确规定巡回指导教师应由具备相应障碍类别教学资格证书的特殊教育教师担任，巡回指导的对象应与资格证书中的障碍类别相一致。

除具备岗位资格证书以外，实际经验和工作能力也是重要的衡量标准之一。一些国家和地区要求巡回指导教师应根据其指导学生的障碍类型，满足相应残障委员会对其实践知识、技能与经验的要求。如在美国，取得相应资格证书的听障儿童巡回指导教师还要满足美国聋生教育协会的任职标准要求，具备评估、管理学生行为的技能，能与相关工作人员进行交流与合作，发展自身的专业技能与情感。中国台湾地区结合当地多年来培养巡回指导教师的经验，提出视障儿童巡回指导教师须有弹性的工作时间，以有计划地开展工作；须发展出一种教学方法，了解每一个视障儿童与普通儿童及整个学校环境之间的关系；能在一指定区域内，利用公共交通工具或汽车旅行，并能独自完成巡回指导工作。中国大陆则更加注重教师在实际工作中经验的积累和能力的提升，如上海市教委规定巡回指导教师要有五年以上从事特殊教育工作的经验，爱岗敬业，具有一定的组织、指导、研究和管理能力。

总的来说，美国、中国台湾地区对巡回指导教师任职资格做出了较为详细的规定，而中国大陆的规定则较为宏观，多为对教师从教年限的规定，操作性不强。这与中国大陆刚开始实行特殊教育教师资格认证制度有一定的关系。要在特殊教育教师资格认证体系下细化巡回指导教师资格认证制度还需要更进一步探索和实践。

2. 巡回指导工作的师生比例

国内外关于巡回指导工作师生比例的规定不尽相同。如美国一般规定每 10~24 个学生，配置 1 名巡回指导教师；中国大陆一般规定每 10 所（个别为 8 所）随班就读学校，配置 1 名巡回指导教师（北京、上海）；中国台湾宜兰县规定每满 6 名特需学生，则增设 1 名巡回指导教师，每减少 10 名特需学生，则减少 1 名巡回指导教师。然而台湾南部的特殊教育学校反映，仅有 6 名巡回指导教师服务于南部众多县市的巡回指导工作，有的县甚至只有 1 名巡回指导教师承担学前至中学的巡回指导工作。随着台南、高雄等的合并，部分巡回指导教师服务的地域范围更大了，巡回指导质量更难以保证。教师和学生比例的设置与当地的教育资源息息相关，根据当地的发展实际灵活调整和控制这个比例才能有效保障巡回指导的质量，这在中国大陆具有很强的地域性差异，偏远地区的教育资源匮乏，在控制巡回指导教师和学生的比例上具有一定的限制。区域调动合作力量，建设更大的教育平台，对某一地区进行教育减负、教师减负具有重要意义。

3. 巡回指导教师的职责分配

国外经验表明，巡回指导教师的职责繁多，在随班就读工作中扮演咨询、支持、合作、协调、督导等多种重要的角色，并且多为直接深入课堂巡回指导。相较之下，国内巡回指导教师目前多偏重于对普通学校资源教室的指导和对普通学校教师的基础培训，缺乏对随班就读学生和家长的直接支持，未充分发挥作为协调者和合作者的功能，更没有监督随班就读工作的进展。此外，巡回指导教师往往身兼教学和科研双重任务，这也限制了其履职的效果。

现有制度缺乏对教师在不同角色中的职责分配的明确规定，例如，教师针对学生的直接服务和间接服务比例怎样确定，师生比例如何确定，等等。已有学者通过对南京、上海、成都三个地区的巡回指导教师的访谈得出以下结论：国内巡回教师的工作规划主要有两种模式。一是由中心领导规划工作，主要是在把握教育管理部门宏观目标的基础上，在学年或学期初召开会议，安排整体工作，并在学期中视情况做适当调整。二是巡回教师自主规划，首先教师共同讨论出中心整体的工作计划，然后个人根据自己负责的个案情况规划和调整具体的工作安排。

相较于国内在工作安排和职责分配上的统一规划与个别调整相结合，国外学者更强调对某一具体类型的特殊教育需要进行服务。国外学者帕格伦（Pogrund）和考思（Cowan）基于视障学生需求，设计出有良好信度和效度的量表来帮助巡回指导教师确定服务的时间、频率、类型与服务量。此研究的结果对未来巡回指导教师制度中职责分配机制的研究具有启发意义，但其主要针对视障学生的需求，而不同类型障碍学生的需求存在很大差异；并且国内外融合教育大环境的不同将影响对巡回指导教师的职责要求。因此，未来的研究一方面应从不同障碍类型学生的需求出发，更加全面地探讨巡回指导教师的职责构成；另一方面应在借鉴国外研究的基础上，研制出符合国情的、科学的巡回指导教师服务类型与频率评估量表，这将对国内的随班就读巡回指导教师工作职责规划和评价考核机制的研究与实践有重要的指导意义。

4. 巡回指导教师的角色定位

国外学者运用质性、量化或混合研究的方法，将巡回指导教师的角色总结为融合教育的支持与资源提供者、合作者、协调者和督导者。国内研究者分别从巡回指导的作用、模式、现状等角度阐述了巡回指导教师应扮演指导者、评估者、咨询者和训练者的角色。以地区巡回指导工作机制为例，进一步指出目前巡回指导工作在评估、训练、家长咨询、课堂教学等方面需要加大指导力度。也有研究指出，该工作面临巡回指导功能认定模糊、指导工作随意性、保障机制缺乏等困境。我们需要进一步完善巡回指导的相关制度，使其规范化、常态化。

5. 巡回指导教师的专业培养

总体来看，目前国内外高等教育机构中还没有专门的巡回指导教师培养项目，主要培养的是分障碍类别的特殊教育师资，再从中选拔人才进行巡回指导工作。

巡回指导教师的在职培训，一方面依靠教师自主寻找巡回指导经验丰富的教师和资源中心的帮助，得到自我提升；另一方面则通过教育主管部门的统一规划和安排。如美国加利福尼亚州教育部颁布了相关的支持性文件，规定管理者应提供互助性的网络体系，不仅可以为教师专业发展提供不同类别的资源支持，还可以供教师之间交流。中国大陆的巡回指导教师主要是参与省市指定高校举办的短期培训，获取相应的专业知识和技能，如依托高等教育机构或基础教育教研中心举办相关培训，要求各县（市、区）选取 1~2 名巡回指导教师参加。

相较于大陆而言，台湾地区巡回指导教师的在职培训要求更高。例如，教师在担任视障学生巡回指导工作之前，需要在台南大学的视觉障碍混合教育师资培训中心接受三个月左右的、内容丰富的专业培训；此外，教师还可以通过教育通报网查询各个机构举办的研习活动，并根据自身要求选择报名参加。

现有的巡回指导教师制度由于受师资培养模式的影响，在专业培养方面较多地关注在职培训。未来巡回指导教师的在职培养研究应注重以下几个方面：一是完善新晋巡回指导教师的入职指导制度的研究，以减少长期在职培训的投入；二是应关注在职巡回指导教师专业培养模式的探讨，在加强对巡回指导教师专业发展需求研究的同时，还应看到教师的高学历趋势与科技的迅猛发展，使知识的传播和获取的途径更加便捷，因此，应着力研究如何顺利实现在职培训内容、培训方式和培训主体的转型，进而完善巡回指导教师在职培养制度的研究。

第二节 苏州市巡回指导教师的培养路径

一、苏州市直属特殊教育指导中心巡回指导教师培养

苏州市特殊教育指导中心有20年的巡回指导工作经历，听障融合教育成熟骨干教师转岗为巡回指导教师，可以为大市范围内听障融合教育工作提供强有力的师资支持。而2014年市级特殊教育指导中心的建立，则是苏州市巡回指导工作协同指导模式的萌芽，为其他各区域巡回指导教师队伍的建设提供了可学习和借鉴的范本。

（一）听障巡回指导教师培养

1. 合作办学，联动融合

2003年9月，苏州市盲聋学校的8名听障儿童进入了苏州高等幼儿师范学校附属花朵幼儿园。聋校的语言环境缺乏真实性和必要的刺激，不利于听障儿童听力的康复，增加融合教育的难度。与健全人共同生活是实施融合教育的有效方式。苏州市盲聋学校与苏州高等幼儿师范学校附属花朵幼儿园合作开展的学前听障儿童融合教育工作，由盲聋学校教师指导开展融合教育工作。这是苏州市听障巡回指导教师的雏形。

2. 师资互动，指导融合

苏州市盲聋学校教师季兰芬以资源教师的身份入驻幼儿园，给幼儿园里的听障儿童提供特殊教育支持，对他们进行听力语言康复训练，帮助他们更好地融入班级活动，同时也承担该幼儿园的教育教学工作。听障儿童进入幼儿园以后，根据年龄，分别被编入小、中、大班，每个班1~2名听障儿童，平时和普通孩子一起参与班级的各项活动。为了帮听障儿童更好地融入普通孩子，更好地和普通孩子一起学习、做游戏、生活，季老师主动找园长商议在园内设立资源教室，对听障儿童进行听力训练，帮助他们正音，指导他们进行对话训练。听障儿童由于听力受损，更需要声音的刺激和语言的自然交流。为了综合、全面评估听障孩子的发展，避免评估的局限性，在落实以幼儿园为主体、以幼儿发展为本评估原则的前提下，该幼儿园改良了评估内容和形式，以沉浸式的观察评估来更深入地了解听障孩子的发展情况，为其顺利进入普通小学就读提供较专业的发展评估依据。

3. 培训提升，专业融合

在听障巡回指导教师的培养上，创新专业培训形式。融合教育巡回指

导是普通教育与特殊教育的结合。因此，教师的培训，一方面是加强对普通学前教育工作者学前融合基本知识的培训，如特需儿童的生理和心理特点、学习特点、基本的教学策略、简单的行为矫治方法、个别化教育计划的实施等。另一方面是加强特殊教育教师教育的专业知识培训。在培训的方式上，将教学、培训和研究结合起来，做到既有现场教学观摩，又有对影像资料的深入分析研讨；既有专家的理论讲座，又有优秀教师的示范教学；既有巡回学校的研讨，又有小组个别的交流；既有面对面的交流，又有用QQ、微信等交流。通过这些丰富的教育培训资源和培训形式来满足融合教育巡回指导教师的需求，最终达到巡回指导教师的专业化。

4. 教学切磋，引领融合

为了发挥听障巡回指导教师的专业引领作用，苏州市特殊教育指导中心连续多年举办视障巡回指导教师"0—6岁听障儿童言语语言康复训练半日开放活动"。同时，为了让融合教育进行得更好，充分发挥家长资源在融合教育中的作用，举行如半日开放活动、亲子课堂和个别化教育会议，对家长进行进一步的专业培训。在巡回指导教师的带领下，苏州市特殊教育指导中心从融合课程系统、融合支持系统等方面进行探索和尝试。经过10多年的实践，苏州市特殊教育指导中心已经形成了一套能真正体现融合教育理念的双模块融合课程体系。根据孩子的年龄特点和康复情况开展个别化康复课、小组集体康复课，从言语、听觉、认知等方面全面帮助幼儿进行康复训练。

融合教育不仅使听障儿童的听觉获得良好恢复，更让他们在人际交往、社会情感等方面获得有效培养。融合教育让健听孩子学会了关爱，也学会了谦让，有机会与听障儿童互动、一起成长的健听儿童，长大以后会变得更宽容，对社会中的弱势人群会有更深刻的理解和尊重。

融合教育也促进了教师的专业成长，打造出了一支双师型融合教育师资队伍，取得了一系列优秀的教学成果。2009年，"对学前有残余听力的听障儿童实施融合教育的研究"被列为省重点课题，2012年，该课题被评为苏州市教育科学研究精品课题。2013年，"学前听障儿童融合教育十年创新与实践"获得江苏省人民政府颁发的基础教育优秀教学成果奖特等奖。2014年，"学前听障儿童双模块融合教育十年实践与探索"获得中华人民共和国教育部颁发的国家级教学成果奖二等奖。

(二) 智力障碍、孤独症等巡回指导教师培养

2014年开始，苏州市随班就读工作发展的重心从提高特需儿童的入学率转向提高学生的数量与教育质量上。苏州市于2014年5月18日成立

了江苏省省辖市首家特殊教育指导中心——苏州市特殊教育指导中心，形成了以特殊教育学校为骨干、以随班就读和特教班为主体、以特殊教育指导中心为纽带、以送教上门为补充的具有苏州特色的特殊教育服务体系。随着全苏州大市融合教育工作的开展，依托苏州市盲聋学校的视障巡回指导教师队伍发挥了重要作用，但是在智力障碍、孤独症等巡回指导教师的任用与培养上，还需要进一步探索。

2015年开始，苏州市特殊教育指导中心通过招聘的形式，选任智力障碍等类型的专职巡回指导教师，教师专业团队由特殊教育、心理学、医疗、康复等不同专业的教师组成。落实巡回指导教师每学年对普通学校融合教育工作和普通学校资源教师、服务对象对巡回指导教师服务双向考核机制。

1. 依托课题，提升质量

为集中专业力量，解决巡回指导中的关键难题，苏州市特殊教育指导中心先后申报"苏州市自闭症儿童学前融合教育区域性支持保障体系建设研究""自闭症儿童学前融合教育区域性支持保障体系建设研究""孤独症儿童学习特点与教育策略研究"等相关课题及前瞻性项目，开展以苏州市特殊教育指导中心为主、以各融合教育资源中心为辅的社区融合活动，为孤独症儿童社区融合做宣传；在融合教学方面，以绘本为蓝本进行授课，围绕主题开设课程，并进行推广，以期为孤独症儿童学前融合教育中的社交情绪管理做示范。这些实实在在的活动举措，为这些课题提供了宝贵的实证资料。具有开拓性、前瞻性研究课题的实施，对融合教育的发展具有推动作用。

2. 专业引领，组织IEP会议

IEP的制定需要校方领导、巡回指导教师、学生家长、学校资源教师、学生班主任和机构康复师共同参与，在制定IEP时，需要老师们和家长针对学生不同的障碍类型、障碍程度及现有水平，共同商议，并根据学生需要给予不同的支持。而其中，更多需要巡回指导教师的全程参与。每年度巡回指导教师参与30场左右个别化教育计划会议，制订符合每个孩子的个别化教育计划，采取个训、集体、影子老师介入等教学方式，以及口试等考核方式。

3. 组织评估，个案指导

巡回指导教师每年对1名特需儿童开展2次教育评估，对于不同年龄阶段的孩子采用不同类别的评估量表（表2-1）。

表 2-1　不同年龄阶段孩子的评估量表

阶段	评估量表
幼儿园阶段	《特殊教育需要儿童评估（家长）》《一日常规评估（教师）》《儿童兴趣调查表》《家长访谈表》《ICF语言功能评估》等
小学阶段	《问题行为量表》《适应行为量表》《儿童及青少年行为调查量表》《适应行为评定量表（6—18岁）》
初中阶段	《儿童及青少年行为调查量表》《适应行为评定量表（6—18岁）》

以不同支持形式指导不同障碍类别个案，包括孤独症障碍、注意力缺陷障碍、情绪障碍、智力障碍、学习障碍等障碍类别。支持形式包括个训、集体、评估、咨询、个别化教育计划制订等。

巡回指导教师每个月月底对特需儿童的融合教育教师进行听课并指导。在指导方面，巡回指导教师尽量保证对每个个案听一次课，在听课时，对融合教育教师和资源教师进行教学指导。个案教学采取三种教学方式，分别是集体教学、个别教学和小组教学。

4. 咨询服务，行为支持

巡回指导教师的咨询服务对象众多，最主要的是学校行政人员、教师及家长。学校行政人员的咨询内容主要包括资源教室的建设咨询、个案的管理咨询等。教师的咨询内容包括个案的学习特征和心理特征咨询、个案在班级环境设置咨询、个案问题行为处理咨询等。对于固定巡回学校的咨询，利用《家园联系单》布置作业，让家长加强对儿童的训练和巩固，以追踪儿童的发展进度。巡回指导其他特需儿童（幼儿园至初中），接受家长教育咨询，告知家长矫治儿童问题行为的方法。为了切实提高巡回指导教师对问题行为的指导能力，苏州市还开办了孤独症行为矫正师培训班，主要包括孤独症行为矫正基础介绍、学业课题的分解和教导、入学必备技能和社交互动等，初步培养一支具有孤独症行为矫正师专业技能的巡回指导教师队伍，掌握切实有效的技能和方法，能根据孤独症特殊儿童身心发展特点独立实施精准特殊教育康复。

二、常熟市特殊教育指导中心巡回支教教师培养

常熟市有融合教育成熟发展的良好背景，特教班建设经验获国家基础教育教学成果奖一等奖。正是这种融合教育的工作沉淀，决定了其巡回指导教师培养路径的独特性。常熟市特殊教育指导中心采取由特殊教育学校

教师每人挂钩1个普通学校特教班的模式开展巡回指导工作，巡回指导教师的角色类似于交流或者支教教师，满足区域内80多所普通学校特教班的融合教育工作的指导需求。

早在20世纪80年代，常熟市就开始了融合教育的实践探索。2004年2月，常熟市成立了全国第一个县级特殊教育指导中心。近年来，常熟市抓住特殊教育提升计划的实施契机，通过多部门协同构建融合教育保障体系、内涵式发展提升融合教育服务质量、社会性支持营造融合教育良好氛围等多种举措，促进特殊教育与普通教育协同发展，实现从"学有所教"迈向"学有优教"，研究课题"县域'特教班'融合教育运行模式的构建与实施"荣获2018年国家基础教育教学成果奖一等奖。特殊教育指导中心任命教育局分管局长为主任，基教科科长、教研室主任和教研员、特殊教育学校校长和教导主任、特殊教育专家、巡回教师等为组员。在专业支持方面，常熟市特殊教育学校的教师以"巡回支教"的形式提供全方位助力。根据江苏省《关于加强普通学校融合教育资源中心建设的指导意见》要求，"各地应按照每人指导3～5个融合教育资源中心的标准，为特殊教育指导中心配备融合教育巡回指导教师"。常熟市特殊教育事业将以此文件精神为指导思想，以普通学校的融合教育为发展重点，加强融合教育巡回指导教师的培训和配备，推进普通学校融合教育资源中心的建设。

（一）常熟市巡回支教教师任职条件及岗位职责

常熟市担任巡回支教的教师要求在本校承担学科教学任务满10年及以上的在编在岗教师，如本人积极主动要求参加巡回支教，可不受年龄、任教时间的限制。除了相应的职称、骨干称号及学历要求这些任职条件，还对师德师风、专业能力等提出了相关要求，如敬业爱岗，师德良好，理解和尊重每一个特殊学生的差异需要；身心健康，具有较强的组织、沟通、协调能力和良好的团队合作精神；熟悉随班就读、特教班及融合教育资源中心工作的制度和流程。

凡已建立融合教育资源中心的学校（幼儿园），都应配备专兼职资源教师，负责本校融合教育工作及资源中心的建设。巡回支教教师应指导该校（幼儿园）专兼职资源教师完成以下任务：① 了解该校（幼儿园）融合教育建设情况，如：学校基本情况、融合教育资源中心设施配备情况、办班形式、资源教师情况等，并对建设情况提供合理的建议；② 了解该校特需学生的情况，如：资源教室、随班就读、送教上门学生整体情况及个体特点等，并基于医学诊断和常熟市残疾人专业委员会评估意见，指导资源教师合理安置特需学生；③ 协助巡回支教学校（幼儿园）做好特需学生档案材料的汇总；④ 每周一次访问巡回支教学校（幼儿园），了解特需学生个案干预工作的开展情况，为巡回支教学校（幼儿园）特需学生个案干预工作提供支持和帮助；⑤ 及时反馈巡回支教学校（幼儿园）在开展此项工作中遇到的困难；⑥ 使用相关量表评估巡回支教学校（幼儿园）的特需学生，基于评估结果，撰写个别化教育计划，组织召开个别化教育计划会议，确定个别化教育计划内容，实施个别化教育计划，制定与实施特需学生的训练方案，如：集体教学、小组教学、个别教学，与巡回支教学校（幼儿园）资源教师一起，开展研究工作，积极解决学校、教师在融合教育工作中遇到的困难，进入融合教育课堂听课，对儿童进行观察和记录，并对融合教育教师进行教学指导，适当进行示范教学；⑦ 指导巡回支教学校（幼儿园）合理使用好资源教室，制定资源教室管理制度，做好资源教室使用记录，做好资源教室设施和设备的维护和保养等工作，根据学生的变动情况，及时建议学校增设与学生残疾类型匹配的设施和设备；⑧ 促进巡回支教学校（幼儿园）资源教师认知的发展，向教师解释某种障碍类型的症状与心理特征，帮助教师鉴别疑似某种障碍儿童；⑨ 促进巡回支教学校（幼儿园）资源教师专业发展，针对某种障碍儿童的问题行为，向教师提供教学策略；⑩ 配合巡回支教学校（幼儿园）资源教师，利用家长联系单等方式，布置家长作业，使家长可以协助开展家庭教育、补救教学和康复训练，让家长成为融合教育工作的积极配合者；⑪ 适时向全体教师、家长及相关社会团体宣讲融合教育理念，并提供咨询服务；⑫ 参与融合教育的推广工作、课题研究工作或其他巡回指导中涉及的教科研工作（包括特殊儿童的课程制定及教材、绘本的选择等）；⑬ 做好巡回支教各类资料的收集和整理工作。

（二）常熟市巡回支教教师工作流程及任用考核

每学年开学前，由常熟市特殊教育指导中心统一将巡回指导《告知书》送达相关幼儿园或学校，以签字形式明确指导者与被指导者的职责与要求；每学年开学前10个工作日摸清相关幼儿园或学校的特殊教育基本概况。填写并上报《常熟市融合教育巡回指导记载》；每周半天，安排1~2所学校，具体时间由课程中心安排，具体幼儿园或学校由常熟市特殊教育指导中心安排。具体工作流程见表2-2。

表 2-2　常熟市巡回支教教师工作流程

	巡回支教工作流程	建议时间安排
1	召开融合教育巡回支教工作期初会议。会议参加人员：支教学校融合教育负责人、资源教师及相关课程教师，明确双方职责	1 周
2	全面了解学校（幼儿园）融合教育基本概况。如实填写《常熟市融合教育巡回指导记载》，上报常熟市特殊教育指导中心	1 周
3	准备各项综合评估，开展教师访谈、课堂观察、作业评估，督促班主任收集医学评估资料，按需对接特需学生专业评估	2 周
4	解读评估信息，寻找教学策略，指导教师制订个别化教育计划，指导教师进行教学调整，撰写个别化教育计划	2 周
5	组织召开个别化教育计划会议，确定个别化教育计划内容，实施个别化教育计划	2 周
6	制定与实施特需学生的训练方案，与巡回支教学校（幼儿园）资源教师一起开展专业训练	4 周
7	根据需要选择特教班、随班就读班级听课，并选择一个学生进行个案调查，全程跟踪，做好记录	2 周
8	组织一次融合教育咨询服务，集中为教师、家长、学校义工团体等答疑解惑	1 周
9	组织一次示范教学活动或融合教育专题讲座，传播理念，并为支教学校提供融合教育研究样本	1 周
10	指导资源教师收集和整理融合教育档案资料，按需提供特殊教育课题指导，提升教师特殊教育科研能力。收集优秀案例、论文等，鼓励教师积极投稿	1 周
11	召开融合教育巡回支教工作期末会议，就本学期巡回支教工作及支教学校融合教育工作进行总结	1 周

　　本着公正、公平、公开的原则，常熟市采取特殊教育指导中心和巡回支教学校（幼儿园）共同考核的形式。考核评定分为优秀、良好、合格、基本合格四个等次，适时组织"融合教育巡回支教优秀教师"等表彰奖励活动。每学期期中组织一次自查，期末最后一周组织学期综合考核。主要考核内容包括以下几点：一是认真开展融合教育巡回支教活动，对相关工

作尽心尽责，指导有成效；二是按时上交相关材料——常熟市融合教育巡回指导记载、巡回支教工作计划、巡回支教工作日志、巡回支教工作总结；三是全面了解支教学校（幼儿园）融合教育情况，了解特需学生情况，提供合理化的建议；四是认真协助支教学校（幼儿园）做好个案管理和教学指导，为个案干预工作提供支持和帮助，做好评估、个别化教育计划等相关工作，进行融合教育课堂教学指导；五是认真协助支教学校（幼儿园）进行资源教室管理，进行制度建设及使用管理；六是认真开展融合教育咨询服务，帮助教师鉴别疑似某种障碍儿童，并提供教学策略、家庭指导方案等；七是参与融合教育的推广工作、课题研究工作或其他巡回指导中涉及的教科研工作。根据不同考核内容设置考核比重，由常熟市特殊教育指导中心和支教学校统一开展。

根据《2016年常熟市义务教育学校教师交流方案》精神，常熟市将普特合作送教服务工作和特殊教育教师交流活动紧密结合，探索了两种教师的交流形式。一是骨干教师巡回指导。组成教师交流工作领导小组，统一协调管理，实行定期交流制度，每周至少用半天时间参与巡回指导，至城区学校送教为交流，每轮交流年限为3年，至乡区学校送教为支教，每轮交流年限为两年。由学校按比例推荐符合教师交流、支教条件的骨干教师，报教育局批准后，确定这些骨干教师为正式人选，至对应中小学进行指导，以至特教班借班上课为基本形式进行公开示范教学，兼顾配合特殊教育指导中心巡回指导，通过听课、评课、讲座等形式指导各校开展教学工作或通过参与检查、评比、评估、督导等工作，指导各校规范随班就读与特教班的教育管理，促进全市特殊教育优质、均衡发展，切实提高特殊教育质量。二是特殊教育教师送教上门。学校实行定期、定人送教上门（上校、上社区）制度，至城区学校送教为交流，每轮交流年限为3年，至乡区学校送教为支教，每轮交流年限为两年。由学校按比例推荐符合教师交流、支教条件的教师，报教育局批准后，确定这些教师为正式人选，每位交流教师确定好一位特殊学生，每周至少用半天时间开展送教上门（上校、上社区）活动，教师根据学生的具体情况认真制订好工作计划，备好每堂课，组织开展个性化教育、康复等活动，使重残儿童真正感受到教育的快乐，学有所得，学有所乐，学有所为。

常熟市特殊教育学校打造"四有四型"蒲公英教师团队，助推融合教育质量的提升。常熟市特殊教育学校紧紧抓住青年教师成长和骨干教师辐射两大建设重点，规划并实施"青年教师成絮工程"和"骨干教师飞翔工程"。学校确立了"四有四型"教师队伍建设目标，即有理想信念、有道德情操、有扎实学识、有仁爱之心；专业精神上的奉献型、专业知识上的复合型、专业技能上的综合型、专业智慧上的创新型。常熟市特殊教育学校先后组建四个"蒲公英"教师工作坊：特殊教育诊断与评估工作坊、个别化教育计划工作坊、康教结合研究工作坊、融合教育巡回指导工作坊。常熟市特殊教育学校树立一个理念：一切为了学生；强化两种能力：研究差异、勇于创新的拥抱变化能力，共享共融、分工协作的团队合作能力；贯彻三种精神：学习实践、研究探索的专业精神，广博知识、慈心仁爱的博爱精神，负责执着、精益求精的敬业精神，以此构建教师专业成长的金字塔。"四有四型"蒲公英教师团队逐步成长为常熟市特殊教育转型发展中的专业队伍和攻坚力量。

三、苏州市相城区特殊教育指导中心"1+N"培智学校教师转型培养

苏州市相城区特殊教育学校建立于2015年，建校时间短，导致其骨干教师力量薄弱。2016年，相城区成立区特殊教育指导中心，随后三年的时间里各学段融合教育资源中心逐步建立。特殊教育青年教师队伍的成长速度，如何匹配上区域融合教育学校的指导需求？相城区启动融合教育"153"行动计划，将培智学校骨干教师队伍的培养和区域巡回指导教师队伍的培养挂钩并行，两支队伍共建是把双刃剑，相城区特殊教育学校以"1+N"型教师培养把劣势转化为优势。

融合教育发展背景对特殊教育学校师资队伍建设提出新的要求。相城区特殊教育学校根据区域发展需求，以学科教学、巡回指导双线专业发展为方向，通过量身定制、分层培养、多措并举，成功构建促进特殊教育学校教师专业发展的"1+N"型师资培养模式。相城区以"按需配备、按需指导"为原则，为区域31所融合教育资源中心配备专职巡回指导教师5人，并构建"1+N"巡回指导合作团队，使区域特殊教育学校师资队伍成为全区融合教育工作的有力后盾，实现了特殊教育教师向巡回指导教师角色实践的转变。

历时7年，相城区着力于建设一支专业化巡回指导教师队伍：以专业支持为主要职能，响应区域融合教育发展需求；以模式构建为主要途径，形成"1+N"巡回指导合作团队；以角色实践为主要策略，探索内生外化成长渠道；以精准服务为主要目的，辐射区域融合教育高质量发展。"1"即1个专职巡回指导教师，挂钩服务区域内3~6所融合教育学校；"N"即在专职巡回指导教师的带领下，以N名特殊教育骨干教师为主体的巡回

指导合作团队，团队服务的主要内容是解决区域融合教育发展中面临的关键难题。巡回指导专职教师队伍的建设，有利于区域融合教育工作流程不断规范化与精准化，有利于随班就读学生个别化服务不断专业化与精细化。但是巡回指导教师队伍的长期发展，必然需要相应制度的保障，相城区将继续打造"1+N"复合型巡回指导教师团队，拓宽教师成长渠道，以期更好地服务于区域随班就读工作。

（一）苏州市相城区特殊教育学校"1+N"型师资培养模式

随着融合教育工作的不断推进，培智学校承担区域融合教育管理与指导工作，这就对培智学校教师提出了更加多元化的专业发展要求。相城区特殊教育学校打造"1+N"型师资培养模式，实现培智学校专业教师及区域巡回指导教师双线发展，多种技能按需培养，满足区域特殊教育高质量发展需求。

在融合教育高质量发展背景下，培智学校作为区域融合教育工作推进的主阵地，学校功能从单一教育功能转向多重服务功能，对教师队伍建设又提出了新的要求。

为贯彻落实"办好特殊教育"要求，实现"让每一个残疾儿童少年享有适合的教育"的目标，相城区特殊教育学校以《特殊教育教师专业标准》为纲领，以特殊教育教师及区域巡回指导教师双线专业发展为指向，实施"1+N"技能塑造计划，通过量身定制、分层培养、多措并举，有效构建融合教育背景下特殊教育教师专业化发展的"1+N"型培养模式。

1. 培智学校师资队伍建设需求现状

（1）从"培智教学"到"巡回指导"的职业转型

随着特殊教育教师的新型角色定位，教学、康复、巡回指导成为当前培智学校教师的主要工作内容，从单一的培智教学教师到身兼康复和巡回指导工作的复合型教师，亟须培智教师明确自己的角色定位，提升复合型能力及实现自我更新式发展。①

（2）从"送教上门"到"随班就读"的多元服务对象

目前来说，特殊教育学校作为特殊教育的主战场和骨干力量，承担了区域内残疾儿童的各级各类教育工作，教育对象从极重度、重度的送教上门安置残疾学生，到特殊学校内部的重度、中重度残疾学生，再到普通学校随班就读安置的轻度残疾儿童，教育对象的多样性，催生新时代培智学

---

① 朱楠. 转型时期特殊教育学校教师专业发展内容再探讨：基于教师角色变革的视角 [J]. 教育学报，2021（2）：62-73.

校教师专业发展的多重需求。

（3）从"康复技能"到"课程调整"的多重专业需求

教育对象的多样性、多重性导致培智学校需要采用"医教结合"模式，进行全面、综合的康复，这就对"双师型"培智教师提出了要求，即特殊教育教师不仅需要掌握与培智学科教学相关的技能，还需要掌握康复性知识。[①] 同时特殊教育学校作为区域特殊教育资源中心，承担着区域内融合教育指导和支持服务的任务，培智教师需要了解与普通教育教学相关的知识及与课程调整相关的策略。

2. "1+N"模式下培智学校师资队伍建设的具体措施

（1）明晰发展途径，培养多重技能

在特殊教育发展转型的时代背景下，培智教师的专业结构处在不断的变化和改革之中。与普通教师相比，特殊教育教师应具备高度综合化的知识结构，满足残疾学生的特殊教育需求。[②] 在融合教育背景下，"1+N"培养模式以《特殊教育教师专业标准》为纲，能满足学校本位教育职能和区域融合教育职能双线发展需求。"1+N"的多种技能，即"1项专业基础+多岗位专业技能"，如以培智学科教学或融合巡回指导作为自身专业发展的主线，另外，教师根据自身特长或岗位需要，在学校统筹下培养多项岗位技能，使自己具备一项以上康复、科研、德育或职教等方面的技能或专长。以此构建的大部分教师具有普特融合业务专长，能加入区域融合教育推进工作的新时代特殊教育专业师资队伍。

（2）落实分层培养，坚持多头并进

教师专业发展有其动态性和分层性，因此，相关培养措施应具备阶梯化和星级化，这样才能不断促进教师队伍建设多头并进。按教师不同专业发展阶段及培养过程分为三个阶段实施。分层培养第一阶段，"筑基"工程。让新教师快速适应新岗位，分层次、分学科开展基本功集训，开展青年教师成长档案建设、专业团队融合等活动，加强自我成长意识和团队协作意识。分层培养的第二阶段，"优才"工程。着眼于特殊教育学校转型升级对教师的专业定位，重点紧扣现代融合教育理论构建、特需儿童服务专业技术强化，通过普特融合跟岗、跨学科教研共同体、普校学科素养培

[①] 胡金秀，宿淑华，孙跃. 江西省特殊教育学校"双师型"师资现状调查 [J]. 中国特殊教育，2016（8）：73-76.

[②] 丁勇. 专业化视野下的特殊教师教育：关于特殊教师教育培养目标和培养模式的研究 [J]. 中国特殊教育，2006（10）：69-73.

训等途径,在整体优化教师理论、技能的基础上,培养一批具有融合教育意识、理念、专长的骨干教师,打造融合教育内涵发展的"优才"库,厚实区域特殊教育高质量发展的中坚力量。分层培养的第三阶段,"卓越"工程。以培养一批具有精湛的专业技能的管理者、服务者为目标,以形成良好的融合环境,满足特需儿童个别化教育需求。通过选拔专业教师参加定向高级别康复、评估、心理辅导等专业培训,打造"卓越"的专业尖兵;通过组建、细化科研一体研究团队,辅以科研支持、专家引领、名校合作共建等方式,打造康复、心理、教学等多个"卓越"的专业共同体。通过培养更多特殊教育专业领域有情怀、有专长的领衔者,带动全体教育者共同关注、协同发力,这样才能达成让每一个残疾人都享受公平而有质量的教育。

(3) 搭建培养平台,激发团队潜能

引导骨干教师自我审视、定位、规划,学校在队伍建设规划范畴内,充分考量教师的个人发展意愿,帮助教师确定发展路线,将远景规划具体化,内化为每个教师自我实现的需要,成为其努力工作的激发力量。[①] 根据教师阶段发展情况、学校专业岗位需求、教育环境趋势变化,实行动态管理、科学调整。基于学校高层次领衔人才的短缺现状,在区级骨干跨级结对基础上,创新师徒结对模式,紧密联系周边名优特校、科研院所,跨区聘师、跨域研学,以达成骨干教师、专业人才快速成长的目标,为教师队伍建设搭建多样化平台。启动专业发展"模块化"研究组,建设师资队伍"雁阵"共同体,力求形成方向明确、研究系统、各有专长的成长共同体。各团队中骨干"头雁"带动作用明显,能引领团队成员聚力乘势,快速提升科研能力和专业发展水平,团队协作、顽强拼搏的"雁阵"效应显现。同时,为满足区域融合教育的发展需要,启动巡回指导教师"蒲公英计划",以专职巡回指导教师为核心,联结区教育发展中心特殊教育学科中心组,带动全区各资源中心资源教师群体,辐射全区融合教育需求学校资源教师、课程教师群体。

(4) 强化多元评价,落实机制保障

通过成长性评价激发内生动力,主要措施包括个人成长规划(成长档案建设)、队伍发展规划、项目化平台管理等;通过绩效性奖励提升业绩效度,主要措施包括项目化奖励、考核制度改革等;通过骨干评优促进良性竞争,加强骨干梯队建设等。以上评价及保障机制均重视、体现骨干教

[①] 郑俏华. 论特殊教育学校师资队伍专业化发展策略 [J]. 中国特殊教育, 2005 (8): 81-85.

师、巡回指导教师等核心成员的业绩价值。

3. 培智学校师资队伍建设实践成效

通过"1+N"培养模式，在师资队伍专业发展和动态发展过程中，实现了培智教师明确的个人角色定位和发展方向，提升了培智教师复合型及多元化专业能力，形成了团队合作的"雁阵"教师成长共同体。

一是教师明确了自身角色定位和发展方向，队伍结构更趋优化。学校帮助身处变革之中的培智教师明晰自身角色定位，以及区域特殊学校培智教师队伍建设的规划和发展方向，进而明确了自身在学校队伍建设中的专业发展方向，实现了学校、教师"双赢"。

二是提升了培智教师的多元化专业能力，服务能力逐步提升。通过系统搭建的平台及提升措施，培智教师的专业技能得到提升。以"培智教学"为发展主线的教师，其班级管理能力和培智教学能力显著提升，在德育、康复等领域也实现多线发展；以"巡回指导"为发展主线的培智骨干教师，在具有较强专业技能的基础上，深入普通学校开展融合教育，其沟通与合作能力、融合教育管理能力、诊断与评估能力、指导与科研能力得到快速提升，服务全区融合教育学校，引领和推动区域融合教育高质量发展。

三是打造教师成长"雁阵"，团队共进形成合力。合作能力一直以来是教师必备的专业能力之一。融合教育背景下的培智教师更需要合作能力，这样才能满足教育环境的变化、个体发展的差异和复杂的教育需求。在"雁阵"项目化平台中，培智教师队伍形成成长共同体，构建更加开放、多元的成长团队。同时群体又进一步激发个体成长，形成良性竞争氛围。

融合教育的高质量发展，离不开高质量的教师队伍，而作为区域融合教育推进的专业力量，培智教师队伍的建设显得尤为重要。下一阶段，学校将结合区域发展实际，聚焦教师个体专业化成长，致力于培养教师更为普遍认同的职业观，建立区域更为科学、适切的教师评价机制，打造更为系统、实用的研训平台，实现队伍质量的再提升。

（二）苏州市相城区区域融合教育巡回指导教师队伍建设实践探索

随着融合教育工作的不断推进，特殊教育学校承担区域融合教育的管理与指导工作，建设一支专业发展的巡回指导教师队伍，成为推动融合教育高质量发展的关键一环，直接影响区域融合教育发展水平。苏州市相城区着力于建设一支专业化巡回指导教师队伍：以专业支持为主要职能，响应区域融合教育发展需求；以模式构建为主要途径，形成"1+N"巡回指导合作团队；以角色实践为主要策略，探索内生外化成长渠道；以精准服务为主要目的，辐射区域融合教育高质量发展。

巡回指导是推进融合教育的有效支持形式，加强巡回指导力量，树立"按需指导"的理念，为普通学校融合教育提供更为实在的、更加贴近需求的教育指导与服务，是响应高质量融合教育发展需求的重要措施。① 巡回指导教师是特殊教育指导中心核心职能的关键实施者，主要工作包括定期深入普通学校巡回，协助资源教师开展个案筛查评估、IEP 制定、教学指导，并为家长提供咨询服务等。因此，打造一支专业知识广博、专业技能扎实的巡回指导教师队伍是融合教育高质量开展的重要保障。2018 年，江苏省出台的《关于加强普通学校融合教育资源中心建设的指导意见》明确指出，依托特殊教育学校建立的区域特殊教育指导中心，需要按照每人指导 3~5 个普通学校融合教育资源中心的标准，分学段组建融合教育巡回指导团队。相城区以"按需配备、按需指导"为原则，为区域 31 所融合教育资源中心配备专职巡回指导教师 5 人，并构建"1+N"巡回指导合作团队，使区域特殊教育学校师资队伍成为全区融合教育工作的有力后盾，实现了特殊教育教师向巡回指导教师角色的转变。

1. 以专业支持为主要职能，响应区域融合教育发展需求

巡回指导指为了推进残疾儿童随班就读，由特殊教育学校充分利用其专业资源，通过派出专业教师，定期或不定期对随班就读的残疾儿童和承担随班就读的普通学校提供指导、咨询与帮助的重要支持方式。② 从我国随班就读现实出发，巡回指导是一种为普通学校提供支持服务的重要方式，现阶段融合教育处于初步发展阶段，普通学校教师不了解残疾儿童的障碍特点与类型，不知道如何为残疾儿童提供适合的教育方式，而学生与家长在普通学校中有着个别化需求，因此，巡回指导服务对普通学校教师、学生及家长起着重要的支持作用。对巡回指导的作用认识不清晰，不利于形成统一的开展模式，也会阻碍巡回指导功能的实现，难以取得实质性效果，因此，需要明确巡回指导教师的主要职能与角色定位。巡回指导教师为区域融合教育学校提供融合教育发展专业支持。相城区巡回指导教师的队伍构建，首要任务是结合巡回指导国内外研究及实践现状，确定其主要工作职能，即为区域融合教育发展提供专业支持的评估安置、制订个别化

---

① 赵庆，储昌楼. 巡回指导助力普通学校融合教育：兼谈落实《关于加强普通学校融合教育资源中心建设的指导意见》精神［J］. 现代特殊教育，2019（19）：14-17.

② 李拉. 随班就读巡回指导的现实困境与对策［J］. 现代特殊教育，2012（7）：31-33.

教育计划、协调学校资源、展开教学督导等，并进一步深入构建服务模式。

2. 以模式构建为主要途径，形成"1+N"巡回指导合作团队

在特殊教育发展转型的时代背景下，培智教师的专业结构处在不断的变化和改革之中。巡回指导教师不仅应提高自身专业能力，更应具备系统化的知识结构，并且具有协调区域资源，为随班就读学生提供服务的能力。相城区在融合教育背景下探索特殊教育学校师资队伍"1+N"模式。

(1) 发挥专职教师专长，横向覆盖服务领域

"1"即1个专职巡回指导教师，挂钩服务区域内3~6所融合教育学校。专职巡回指导教师均拥有各自擅长的领域，具体如下：注重随班就读学生生涯发展的巡回指导教师，从随班就读学生自身特点出发，以职业生涯为导向，发展儿童的社交沟通、生活自理、认知、情绪行为等能力；主攻教育评估的专职巡回指导教师，熟悉各类障碍的筛查、评估工具，能够根据学生的特点开展全面的功能评估和学业评估，为制订个别化教育计划提供依据，并为其他巡回指导教师开展教育评估工作提供专业指导；擅长教授绘本课程的教师，具有丰富的绘本编写经验，熟悉绘本的教学方法，能够通过绘本开展融合教育集体课和小组课；负责转衔服务领域的教师，以课题为引领，丰富幼小衔接等方面的知识，并在一系列的行动中积累实践经验，形成区域转衔工作典型经验，服务随班就读学生的终身发展；具有心理学硕士教育背景的巡回指导教师，能开展心理康复及行为矫正训练，服务特殊儿童心理健康领域教育。通过清晰定位，巡回指导教师明确个人的发展方向，朝着专家型教师发展。在实际的巡回指导过程中，根据巡回指导教师的专长分配任务，巡回指导教师通过分享、互助的方式共同应对工作中的问题。

(2) 整合特殊教育骨干力量，纵向形成服务团队

"N"即在专职巡回指导教师带领下的、以N名特殊教育骨干教师为主体的巡回指导合作团队，团队服务的主要内容是解决区域融合教育发展中面临的关键难题。巡回指导教师工作形式多样，要求尽可能具备评估、康复、心理、科研等多种专业技能，这样才能灵活应对巡回指导过程中遇到的各种困境。为此，特殊教育指导中心启动"项目化管理"模式，激发巡回指导教师职业发展内驱力，以巡回指导教师为主要项目负责人，引领形成服务全区融合教育的特殊教育学校师资队伍。具体项目如下：课程开发项目组开发以绘本、劳动等为主要载体的功能改善校本课程，为全区融合教育资源中心提供课程资源；"相融相+"项目服务的对象是区域内随班就读的家长，通过线上讲座和线下心理团辅的方式，致力于宣导融合教

育、提供特殊儿童家庭喘息服务,培养特殊儿童家长亲职韧性;云相融项目是相城区融合教育线上管理、资源库,尤其是疫情时期,教师要能够在线上开展巡回指导工作,服务于随班就读的学生、家长及资源教师;职特相融项目旨在开发特殊教育职业教育课程,融合教育生涯规划课程,服务于全区初中融合教育学校,构建初中随班就读学生的有效成长支持体系;康复项目组为全区随班就读学生提供言语康复、肢体康复、音乐康复等领域所需要的康复评估教师,巡回指导教师根据普通学校随班就读学生的需求进行资源的协调。

3. 以角色实践为主要策略,探索内生外化成长渠道

角色实践是巡回指导教师依据外部的角色期待和内部的自我感知而表现出的角色行为,它是一种"实际如何"的现状,在巡回指导教师的角色中开展实践,有利于其按照角色期待和规范实现自我成长,激发内生动力。① 教师工作动机是激励、指向、维持教师朝着预定目标努力的心理过程,也是推动巡回指导教师落实工作、提升专业水平的重要动力。相较于外在动机,内在动机往往持久、稳定。巡回指导教师应在实际工作中不断将外在动力转化为内驱力,促进自身专业成长。巡回指导教师由于其服务对象、工作场所等的特殊性,对专业情感、专业技能、专业知识等方面提出了更高的要求。② 相城区巡回指导教师队伍建设以角色实践为主要策略,探索内生外化成长渠道。一是自我更新式成长,为提升巡回指导教师专业能力,成立了"月阅相融"沙龙分享,旨在帮助融合教育教师了解融合教育最新的理论和技能,就行为矫正、融合课程建构、融合课程实施手段、融合教育评价体系等内容,开展自发选择内容、组织学习的新型学习模式。二是专家引领型学习,根据区域巡回指导教师团队年轻化的现状,特殊教育指导中心每学期安排专职巡回指导教师定期赴周边融合教育优质发展地区沉浸式跟岗。三是构建成长共同体,巡回指导教师有共同的目标,切实服务每个随班就读的学生。自我更新式成长及专家引领型学习,最终是为了形成巡回指导工作共同体,完善区域融合教育共同体工作流程,实现区域融合教育的高质量发展。

---

① 汤明瑛. 视力残疾儿童随班就读巡回指导教师角色探究:以角色理论为视角[D]. 北京:北京师范大学, 2008.
② 张悦歆, 王蒙蒙. 随班就读巡回指导教师制度研究进展和建议[J]. 中国特殊教育, 2017 (11): 3-7, 13.

4. 以精准服务为主要目的，辐射区域融合教育高质量发展

巡回指导教师角色众多，工作内容广，根据巡回指导工作的具体职责，他们提供的高质量精准服务主要有 4 个维度：面对学生、面对教师、面对学校、面对家长。面对学生的精准服务，指巡回指导教师直接服务于学生的工作流程：初筛，即当资源教师发现学生异常，可向特殊教育指导中心申请巡回指导服务，若存在障碍倾向，立即建议家长去医院诊断；教育评估，即对学生的认知、动作、学业成绩等展开全面评估，并撰写评估报告，为 IEP 的制订提供依据；IEP 的制订，依据随班就读学生的能力制定长短期目标，适当调整课程，并提供教学建议。面向教师的精准服务，指巡回指导教师在融合教育中与普通学校教师的合作：为资源教师或任课教师提供融合课堂方面的教学指导；为资源教师的专业成长提供课程、书籍方面的资源；在初筛、教育评估过程中，引导资源教师掌握评估方法；组织和开展与融合教育相关的讲座和师资培训工作。面对学校的精准服务，指巡回指导教师与普通学校融合教育管理团队的协作：为普通学校建立资源中心，由资源中心提供专业建议；每学年开展普通学校融合教育督导工作，并提出新一轮融合教育改革行动的具体工作。面对家长的精准服务，指巡回指导教师为随班就读家长提供的直接服务：如向区域随班就读家长宣传融合教育，帮助家长掌握科学的教育方式，并定期开展线下心理辅导；召开 IEP 会议之前，组织家长开展研讨，听取家长的需求和建议，为随班就读工作的开展争取家校合力等。

巡回指导是推进融合教育的有效形式，高质量师资团队是巡回指导工作有效开展的保障。巡回指导专职教师队伍的建设，有利于区域融合教育工作流程不断规范化与精准化，有利于随班就读学生个别化服务不断专业化与精细化。但是巡回指导教师队伍的长期发展，必然需要相应制度的保障，未来相城区将继续打造"1+N"复合型巡回指导教师团队，拓宽教师的成长渠道，以期更好地服务于区域随班就读工作。

四、苏州市姑苏区"双向培养"机制助力巡回指导教师专业成长

姑苏区特殊教育学校是一所百年老校，在新时代融合教育发展的背景下，建设一支专业素养高、专业能力强、专业实践优的巡回指导教师队伍，是区域特殊教育事业发展的必经之路。姑苏区确定巡回指导教师培养对象，建立"双向培养"机制的人才储备，推出"五项专业技能"人人过关，以"两年一轮"为周期，每一位巡回指导教师都必须掌握。

近年来，随着融合教育的大力推进，姑苏区特殊教育指导中心以职能

转型为契机,通过巡回指导教师专业成长和骨干教师专业优势的有机结合,积极探索"将骨干教师培养成巡回指导教师,将巡回指导教师培养成骨干教师"的"双向培养"机制,既发展了一支高素质的特殊教育教师队伍,又培养了一批专业素养高、专业能力强、专业实战优的巡回指导教师,为区域特殊教育事业发展打下了坚实的基础。

目前,姑苏区特殊教育指导中心共有专、兼职巡回指导教师12人,本科及以上学历达100%,区级及以上骨干教师达100%,其中市级学科、学术带头人2人,区级学科带头人和骨干教师10人,"双向培养"机制开辟了巡回指导教师专业成长的新途径。

(一)"双向培养"机制在巡回指导教师队伍建设中的现实意义

1. 从各级政策、规划来看

"巡回指导"最早出现在2001年颁布的《关于"十五"期间进一步推进特殊教育改革和发展的意见》中。该文件提出,特殊教育学校要定期派出教师对普通学校特殊教育班和残疾学生随班就读的教学工作进行巡回指导。

2018年,江苏省教育厅等四部门联合制定的《关于加强普通学校融合教育资源中心建设的指导意见》提出了"组建融合教育师资队伍"的明确要求,要求各地应按照每人指导3~5个融合教育资源中心的标准,为特殊教育指导中心配备融合教育巡回指导教师。

2020年,教育部印发的《关于加强残疾儿童少年义务教育阶段随班就读工作的指导意见》指出:各地要加快建设,并实现省、市、县特殊教育资源中心全覆盖,逐步完善工作机制,合理配置巡回指导教师。特殊教育资源中心要加强对区域内承担随班就读工作普通学校的巡回指导、教师培训和质量评价,大力宣传和普及特殊教育知识和方法,为普通学校和家长提供科学的指导和专业的咨询服务,鼓励运用大数据、区块链技术提高服务的精准性。

2021年12月31日,教育部等七部门制定的《"十四五"特殊教育发展提升行动计划》指出:教师队伍建设进一步加强,数量充足,结构合理,专业水平进一步提升,待遇保障进一步提高。

可见,随着融合教育的不断深入,巡回指导教师专业职能作用更加凸显。巡回指导教师不仅为各类特需学生、教师和家长提供咨询与指导,组织与协调区域融合教育推进,更要担负起为特需学生提供评估和制订个别化教育计划等多重职能。

2. 从区域融合教育发展实际来看

为贯彻和落实党的十九大"办好特殊教育"和党的二十大"强化特

殊教育普惠发展"的重要部署，近年来姑苏区特殊教育指导中心无论是在特殊教育的政策、经费保障上，还是在建设投入上，都获得了快速提升与发展。目前，区域融合教育已经从追求"建设"走向追求"质量"，从完成"普及"走向"内涵发展"。这些转变，给巡回指导工作和从事巡回指导的专业教师提出了更新、更高的要求。

3. 从特殊教育学校职能转型需求来看

融合教育的全面推进，对特殊教育学校提出了从单一育人功能的教育机构向以融合教育专业指导、管理为主的多功能教育机构转型的新要求。以《江苏省"十四五"特殊教育发展提升行动计划》为例，向特殊教育学校提出以教育评估中心、课程教学研究中心、特需学生康复中心、融合教育管理中心、发展研究中心和师资培训中心"六大中心"的建设为抓手，深入开展专业能力建设实践，全面提升推进区域融合教育发展的专业指导、服务和管理的水平。可见，融合教育为特殊教育学校带来了机遇与挑战，特殊教育学校教师专业化水平的进一步提升成了办好特殊教育的现实需要。

由此可见，无论是从宏观政策、规划来看，还是从区域融合教育发展实际来看，抑或是从特殊教育学校职能转型需求来看，巡回指导教师专业化发展已然成为新时代特殊教育学校紧迫而重要的任务，成为特殊教育实现高质量发展的必然趋势。

(二) "双向培养"机制在巡回指导教师专业成长中的实施途径

1. 确定对象，建立"双向培养"机制的人才储备

"双向培养"强调巡回指导教师思想建设与专业能力提高相结合。为此，苏州市姑苏区特殊教育指导中心一方面将思想素质好、业务能力强、热爱特殊教育事业的骨干教师选定为巡回指导教师，确保融合教育师资队伍的先进性和专业性；另一方面，挑选专业能力有基础、个人提升有空间的青年教师充实进巡回指导教师队伍之中，为他们搭平台、创条件，促进其专业能力快速得到提升，努力把"苗子"培养成骨干教师，推动区域融合教育发展和特殊教育教师队伍建设的深度融合。

2. 制度保障，寻求"双向培养"机制的环境支持

建立培训机制。为每位巡回指导教师量身定做，打造个性化培养目标，确立教师个人专业发展目标和要求，同时尽可能设立渠道，搭建平台，关注和引导教师专业成长，给巡回指导教师提供更多有针对性的学习、培训和锻炼机会，不断提升巡回指导教师的理论素养和实践能力，加快其专业发展。此外，还创造条件帮助巡回指导教师在评估、康复、心

理、家庭指导等方面取得专业资质，以期让每位巡回指导教师在潜能得到最大发挥的同时，具备"1+N"的专业特长，并向区级、市级，甚至省级骨干教师方向努力。

（1）营造成长氛围

给予每位巡回指导教师情感上的关心、事业上的支持、精神上的鼓励，创造良好的成长环境。让教师有更多的时间和精力自主学习，引导教师成为研究者、学习者，并从资金、设备、图书资料等方面给予支持。只有这样，教师才能更好地投入专业学习，并保持与时俱进的专业发展态势。

（2）健全激励机制

建立相应的制度保障机制，在奖励性绩效考核、评优评先和职称评聘中向有工作成效的巡回指导教师倾斜，最大限度地激发巡回指导教师自我发展的动力，提升其专业素养。

3. 师徒结对，实现"双向培养"机制的长效管理

业务能力强的骨干教师和思想觉悟高的年轻巡回指导教师进行师徒结对，明确两人的职责和任务，通过彼此的专业特长相互影响，相互成长，这种传统的"传、帮、带"形式深受教师的认可。如：市学术带头人李老师和巡回指导教师小徐老师结成了师徒，并定下了共同成长的目标。李老师指导小徐老师课堂教学和教育科研，小徐老师则将自己掌握的教育评估方法教给李老师。两人利用各种机会参与专业培训，一起初步筛选普通学校特需学生，给家长提供咨询服务。同时，学校实时关注两位教师的工作和学习状态，并及时给予鼓励和帮助。在两人的共同努力下，李老师成了老师和家长心目中的专家，小徐老师成功实现了"姑苏区学科带头人"的发展目标。

（三）"双向培养"机制下巡回指导教师专业化发展例谈

巡回指导教师必须要有各项制度的保证、完善的特殊教育师资培养体系、有效的师资建设规划和措施，以及教师个体自主发展的意愿和方向，只有这样才能达到专业化的理想境界。下面以案例的方式介绍苏州市姑苏区特殊教育指导中心在巡回指导教师专业化成长方面所做的一些尝试和探索。

1. 明确巡回指导教师专业发展的总体目标

巡回指导教师由于服务对象和工作要求的特殊性，专业发展的目标应该是全面的、立体的，至少应当涵盖职业道德、专业理论、专业技能三个方面。为此，苏州市姑苏区特殊教育指导中心根据工作实际提出了以下三

个成长目标。

（1）职业道德方面

弘扬至善至真的师道、师德、师风，着力建设一支师德高尚的教师团队。

（2）专业理论方面

具备与时俱进的教育教学理论，尽心打造一支具有科学、先进理论水平的教师团队。

（3）专业技能方面

掌握专业知识和技能，努力打造一支业务精湛、结构优化、具有创新精神和专业特色的高素质教师团队。

2. 促进巡回指导教师专业发展的主要措施

有了明确的专业成长目标，还要研究达成目标的机制、措施和方法。

（1）加强师德引领，弘扬"至善至真"的职业情操

良好、稳定的职业道德是巡回指导教师专业成长的基础。除了完成日常的教学任务，还要兼职完成巡回指导教师的工作职责。巨大的职业压力对巡回指导教师师德水平提出了更高的要求。

为此，苏州市姑苏区特殊教育指导中心坚持以师德建设为主线，开展各项学习、实践活动，增强巡回指导教师的职业道德感、成就感和自豪感。

案例一：评选年度"感动校园爱心教师"

针对巡回指导教师工作的性质、特点，提出以"认识、尊重、关心、责任"为核心的"师爱"四项基本要求，同时组织开展年度"感动校园爱心教师"评选活动。从日常教育工作中选拔一线的、身边的典型教师（师德表现及教学工作表现相结合），通过表彰奖励、宣讲事迹等激励手段，不断提升巡回指导教师职业道德水平，深化特殊教育师德内涵。近年来，12名巡回指导教师分别获评过全国、省、市、区、校级各种荣誉称号。

案例二：制订结对帮扶"伙伴计划"

《江苏省"十四五"特殊教育发展提升行动计划》提出了"推动特殊教育学校和普通学校结对帮扶共建、集团化融合办学"的要求。为了加快普通学校资源教师迅速成熟，更好地服务特需学生，

苏州市姑苏区特殊教育指导中心推出"伙伴计划",让巡回指导教师和普通学校资源教师结成成长共进伙伴,在日常的工作互动中,巡回指导教师潜移默化地影响资源教师,从而互相促进,共同成长。

(2) 加强理论引领,储备"与时俱进"的专业理论与实践经验

在融合教育背景下,特殊教育学校的建设理念与功能正在发生改变,巡回指导教师也正扮演着越来越多的角色,这对巡回指导教师的核心能力提出了更多、更高的要求。近年来,苏州市姑苏区特殊教育指导中心不断组织巡回指导教师深入学习教育教学理念,引导巡回指导教师了解现代特殊教育新理念,吸收特殊教育的新成果,让教师达成一个共识——以终身学习为目标。

案例一:采用专家引领模式

想要提高巡回指导教师专业理论水平,专家引领比起授课式培训、自学理论书籍,更具有针对性、直观性等优势。为此,苏州市姑苏区特殊教育指导中心坚持把教师自主学习与专家引领结合起来,通过邀请医生、专家和苏州大学的教师来校传授医学康复、运动康复、音乐治疗等方面的基础理论知识,指导特需儿童教育测评的方法。同时,与在校大学生开展针对"康复训练""音乐治疗"等方面的合作和研究,不仅提高教师的专业素养,还培养教师的专业技能。

案例二:举办"学刊、说刊、研刊"系列活动

教育前沿理论信息更多地来自报刊。为此,苏州市姑苏区特殊教育指导中心为每一位教师订阅《现代特殊教育》《中国特殊教育》等国内有关特殊教育的权威期刊,同时推出"学刊、说刊、研刊"系列活动。教师自行阅读期刊,并利用每月1次巡回指导专题教研活动平台,轮流把自己学习到的特殊教育理论、前沿动态、有效方法等以"说刊"的形式向同事介绍,并在此基础上,组织教研组进行研讨、分析和实践。通过"学—说—研"过程,既提高了巡回指导教师的理论水平和学习能力,又锻炼了他们的表达和实践能力。

(3) 加强专业引领，打造"一专多能"的教师团队

随着融合教育的深入推进，未来要面对更多类型的特需学生，巡回指导教师需要具备提供全方位专业服务的能力，因此，"一专多能"是巡回指导教师专业成长的关键。近年来，苏州市姑苏区特殊教育指导中心根据教育、康复需求，建构起以"目标、培养、考核"为操作流程，以"基础性专业技能与发展性专业技能相结合"为主要内容的巡回指导教师专业发展培训模式。

案例一：推出"五项专业技能人人过关"

根据巡回指导工作的具体要求，苏州市姑苏区特殊教育指导中心研究制定了《姑苏区巡回指导教师五项专业技能要求》，以此作为巡回指导教师专业技能的准入要求。五项专业技能包括以下内容：掌握九大障碍类型学生的症状与心理特征并能正确鉴别，使用教育评估工具，拟定与实施个别化教育计划，玩沙盘游戏，熟悉残疾人政策和法规，等等。这五项专业技能要求涵盖了巡回指导教师在教育诊断与评估、教育咨询服务、个案管理、心理辅导等方面的工作职责。

这五项专业技能要求以"两年一轮"为周期，每一位巡回指导教师都必须掌握这五项专业技能。为此，苏州市姑苏区特殊教育指导中心把五项技能要求有计划地细化到学习和工作中，同时采用"培训、考核、评价"一条龙机制，以指导并支持教师的专业技能获得进阶式的发展，并在考核中择优纳入苏州市姑苏区特殊教育指导中心巡回指导教师队伍。

案例二：推出"送培到校"工作机制

为加强全区各融合教育资源中心的内涵建设，苏州市姑苏区特殊教育指导中心还推出了巡回指导教师"送培到校"工作机制，通过讲座、现场指导、展示课、实操培训等形式，将融合教育的先进理念、个案教学指导、特需儿童的教学策略、资源中心的管理等工作要求、专业技能送培到各个普通学校。同时通过这一机制，激发每位巡回指导教师学习的热情，不断丰富专业知识。

巡回指导教师的专业化发展是一个动态的、持续的发展，需要不断研究、探索和完善。"双向培养"机制的尝试，探索了特殊教育学校转型发展的新思路，也创新了教师队伍建设的新途径。学校在推行"双向培养"的过程中，坚持学校发展与队伍建设紧密结合，通过双管齐下，让学校骨干教师逐步适应新的角色需要，让年轻的巡回指导教师逐步成长为业务骨干，充分发挥人才优势，助力区域融合教育迈上新台阶。

结 束 语

根据国内外巡回指导教师的培养情况可知，巡回指导教师培养应建立相应的从业资格考核体系，比如，美国和中国台湾地区，巡回指导教师应由取得相应障碍类别教学资格证书的特殊教育教师担任，还应通过相关岗前培训和考核；苏州市各区域根据地域特点形成了巡回指导教师队伍建设的具体举措。另外，巡回指导团队之间应建立相应的协同机制，如苏州市相城区，通过巡回指导教师和培智学校骨干团队协同实现特殊教育资源的推广。下一章将就巡回指导教师协同指导模式的探索进行具体说明。

第三章

"会诊":融合教育协同指导模式

第一节 融合教育协同指导:理论、背景与现状

一、融合教育协同指导的理论基础

"协同"指与他人一起工作,意味着行动人,包括个人、团体和组织一起努力合作。多个行为者之间为了共同目标一起共事,强调了行动者的主动性,更加强调行动者之间的相互信任与分享,同时也意味着共享责任、共享资源。协同学(Synergetics)一词,源于希腊语,意为"协调合作之学",协同学是由西德的理论物理学家赫尔曼·哈肯于1971年创立的,它的基本假设如下:甚至在无生命物质中,新的、井然有序的结构也会从混沌中产生出来,并随着恒定的能量供应而得以维持。① 后来的学者对协同学进行了丰富,将其发展为协同治理理论,协同治理理论主要研究不同事物的共同特征及其协同机理。协同治理理论具有以下几个特征。首先是主体的多元化,这里的主体不但包括政府组织,而且包括民间组织、企业、家庭及公民在内的社会组织和行为主体,这些主体都可以参与公共事务治理。由于这些主体具有不同的价值判断和利益需求,也拥有不同的社会资源,在社会系统中,他们之间保持着竞争和合作两种关系,在现代社会,没有任何一个组织或者行为主体能够单独实现目标。其次是各子系统的协同性,强调参与者之间的志愿、平等与协作。最后是共同规则的制定,协同治理是一种集体行为,在某种程度上,协同治理的过程就是各行

---

① 赫尔曼·哈肯. 协同学:大自然构成的奥秘 [M]. 凌复华,译. 上海:上海译文出版社,2005.

为个体都认可的行动规则的制定过程。①

融合教育巡回指导相关研究依托协同治理理论,有其可能性与必要性。协同是现代管理发展的必然要求,融合教育管理更需要多方人员的参与协作。融合教育不同于传统的教育,它是一种新的管理理念与方式的变革。李拉(2022)指出,系统能否发挥协同效应是由系统内部各子系统的协同作用决定的,协同得好,系统的整体性功能就好。② 对于特需儿童而言,从出生到入学,其成长过程不是一个完全独立的过程,围绕在特需儿童身边的家长、医生、教师等人员面临多个方面的合作与协同。以教育部门为中心,普通教育和特殊教育共同参与并发挥作用,同时残联、民政、卫生等部门,以诊断服务、康复服务、养护服务等形式参与融合教育,决定了融合教育巡回指导工作协同模式的必要性。

融合教育巡回指导视域下的协同指导基于协同治理理论,详细剖析融合教育巡回指导中的各种要素,明确影响巡回指导的关键因素,探索巡回指导协同机制,促进巡回指导发挥更大的协同效应,逐步形成融合教育协同指导模式,助力融合教育质量的提升。

融合教育协同指导的主要内容包括教育资源的配置、融合教育的业务管理、融合教育的标准建设和督导评价等,探索开展从"学校任课教师"到"巡回指导教师"教师成长协同指导模式;从"家长主题沙龙"到"家长喘息服务"家校合作协同指导模式;从"IEP与课程两轨道"到"IEP与课程相互适应"个案教学协同指导模式;从"基础巡回指导教师"到"督导巡回指导教师"区域巡回指导团队和个案督导协同指导管理模式;从"区域巡回指导教师"到"首席巡回指导教师""会诊"巡回指导模式。

二、苏州市融合教育巡回指导协同模式的构建背景

自"十二五"以来,作为贯彻落实特殊教育改革任务的管理机构,苏州大市及各区县特殊教育指导中心,经历了从无到有的变化过程,发挥了重要的纽带作用。苏州市于2015年成立了全省第一个大市级特殊教育指导中心,后先后成立了11个区县级特殊教育指导中心(其中常熟市特殊教育指导中心成立于2004年,为全国首个县级指导中心),2018年至今全市共建立了485个融合教育资源中心。机构设置的变化,带来了特殊教

---

① 李汉卿. 协同治理理论探析论[J]. 理论月刊,2014(1):138-142.
② 李拉. 融合教育学[M]. 南京:南京大学出版社,2022.

育管理与服务职能的变化和调整。唯有进行管理模式的研究与改革，创新体制和机制，充分发挥特殊教育指导中心自身的职能，才能"从有到优"，才能在融合教育背景下推进特殊教育再发展与再提升。

自"十二五"以来，随着融合教育的不断推进，苏州市始终坚持以教育公平为主线，积极推进义务教育优质、均衡发展，健全和完善特殊教育体制和机制，初步形成"全纳、优质、公平、适切"的苏州特殊教育形态。"十四五"期间，特殊教育的改革进入深水区，融合教育的推进已到关键阶段，出现了一系列政策性问题、热点问题和难点问题。这些问题的解决，需要教育系统和残联、民政、卫健委等多部门协同攻坚，需要普通学校和特殊教育学校携手共进，需要特殊教育教师和特殊家长分工合作，更需要建立高效的融合教育协同指导模式，整合各类资源，实现研究重心、研究方式和组织形式的转型，构建区域融合教育协同指导资源共享平台，形成兼具科学理性与实践指导价值的研究成果，推动苏州市特殊教育内涵式、持续性发展。

随着教育部、江苏省两期特殊教育提升计划的颁布，融合教育已成为未来特殊教育的发展方向。2020年，教育部颁布的《关于加强残疾儿童少年义务教育阶段随班就读工作的指导意见》指出：特殊教育资源中心要加强对区域内承担随班就读工作普通学校的巡回指导、教师培训和质量评价。2021年，国务院办公厅公布的《"十四五"特殊教育发展行动计划》明确指出：推进融合教育，全面提高特殊教育质量。完善多方协调联动的特殊教育推进机制，形成工作合力。2018年，江苏省教育厅等四部门颁布的《关于加强普通学校融合教育资源中心建设的实施意见》明确指出：全面推进融合教育工作，加强普通学校融合教育资源中心建设。提升特殊教育质量，必须加强普通教育和特殊教育融合，推动职业教育和特殊教育融合，促进医疗康复、信息技术与特殊教育融合。这些行动计划的落实，需要特殊教育工作者创新管理机制，改进研究方式，拓展研究视野，通过融合教育协同指导的实践研究，落实办人民满意的特殊教育的根本目标。

苏州市融合教育巡回指导教师队伍的建设，依然存在以下问题：巡回指导的管理体制、评价标准不够明晰；巡回指导师资培养仍有较大研究、探索空间；巡回指导期间，教育评估、个案研究、个别化教育计划的指导与推进仍存在一定困难等，这些是目前巡回指导亟待解决的问题。而国内外的研究现状呈现出不同的发展路径和研究方式，更多集中于理论层面，实践层面研究较少，只是局部、零散、自发的，还未形成融合教育协同指导模式，更未见在特殊教育领域提出"会诊"这一概念。

因为人手有限、服务对象众多等情况，由苏州各区县特殊教育指导中心牵头的巡回指导工作处于疲于应付阶段，且缺少沟通的机会。为此，我们倡导在区域差异化的基础上推进区域一体化，基于推进巡回指导工作的视角，解析区域协同发展涉及的纵横关系及区域与政府相关部门、区域与学校等的"重要关系"。在此基础上，结合区域协同规划重点领域的问题，探讨如何运用融合教育的相关政策和制度促进区域巡回指导协同发展。

苏州市融合教育协同指导模式，主要针对融合教育推进过程中出现的疑难杂症。特殊教育指导中心充分利用自身的专业资源，协同参与融合教育的各个部门和相关人员，在共同研究和解决相关问题的过程中，以巡回指导为研究基础，探索融合教育协同指导的流程、制度、内容模块、路径、策略等，构建并形成"会诊"模式，最终帮助特需学生融入普通学校，提升融合教育质量。

融合教育协同指导模式的提出，既有助于促进区域巡回指导教师的发展，推动区域融合教育协同指导模式的构建，也有助于形成具有地方特色、可推广、可复制的模式，对融合教育的推进注入活力；"会诊"这一新概念，对巡回指导内涵和特征进行深度解析，将理性认识落实到实践操作中。经实践探索并形成融合教育教师成长协同指导模式、家校合作协同指导模式、个案教学协同指导模式、区域巡回指导团队和个案督导协同指导管理模式，构建区域融合教育协同指导资源共享平台，有助于融合教育良好社会氛围的营造，科学地为普通学校教师、特需学生家长提供服务与帮助，从而提高特殊教育教学质量。

三、融合教育巡回指导协同的现状调查

融合教育的发展需要协同各方资源，需要与个体相关的社会部门在健康、教育、社会服务等方面参与合作。以江苏省苏州市A、B、C、D四区共291位行政人员及教师等相关人员作为研究对象，基于自编问卷对四区融合教育协同现状进行评估。结果显示：不同区域融合教育协同现状水平存在差异；整体而言，学校资源与支持系统协同现状最低；不同专业和职务调查样本协同现状存在差异。因此，在区域融合教育协同工作中，应注重完善学校资源与支持系统协同，持续推进区域融合教育联动协同，关注行政管理与专业指导协同，提升学校班主任与任课教师融合教育协同的积极性。

（一）问题的提出

《"十四五"特殊教育发展提升行动计划》和《残疾人教育条例》都

明确提出了融合教育的跨专业要求：一是建立和健全由教育部门牵头，卫生健康、民政、残联部门共同参与的省、市、县三级特殊教育指导中心；二是推动特殊教育学校和普通学校结对帮扶、融合办学；三是完善跨地域和跨领域集体教研等制度；四是在小学创建孤独症定点康复机构，与定点康复机构开展教康合作；五是严格教育评估和个别化教育程序，依法组织教育、医疗、卫生、康复、社会工作等进行综合性教育评估；六是促进医教康融合，服务内容共享，数据互通。这些体现了融合教育的多主体协同指导和干预，相关主体包括教育、卫生健康、民政等部门，以及特殊教育学校、普通学校、教研部门、康复机构等。自开展融合教育工作以来，在具体工作开展中面临着不同部门、不同人员、特需教育不同的利益相关者之间的协同，相关人员对于跨部门、跨领域、跨专业合作开展融合教育工作表现出了强烈的兴趣。为更好地在未来开展融合教育相关工作，本研究旨在整体了解融合教育协同的现状、教师对于协同开展融合教育工作的态度与认知，进而明确相关需求与所需要的支持，为推动巡回指导工作有效开展提供相关的建议。

（二）研究工具和研究对象

1. 研究工具

（1）问卷编制

研究根据国内外关于融合教育的相关文献和协同教育理念，综合编制《区域融合教育工作中相关人员的协同现状调查》，采用李克特五点计分方式，由"非常同意"至"非常不同意"，分别以 5、4、3、2、1 分计算，得分越高，说明被试所在区域的融合教育协同现状水平越高；得分越低，则说明被试所在区域的融合教育协同现状水平越低。颜廷睿等人对融合教育质量评估进行了理论探讨和框架建构，依照融合教育的基本理念及以公平与效率为核心的质量观，构建了体现教育输入、教育过程和教育结果的融合教育质量评估的框架和模型，认为融合教育质量评估的具体指标是支持与资源、管理与领导、文化与环境、教与学、学生表现。[①] 在评价指标指导下的融合教育协同指导现状调查，应测查在高质量融合教育发展维度下各相关人员的协同现状。融合教育协同现状调查问卷结构如图 3-1 所示。

---

① 颜廷睿，关文军，邓猛. 融合教育质量评估的理论探讨与框架构建 [J]. 中国特殊教育，2016（9）：3-9，18.

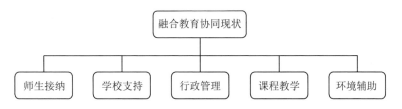

图 3-1　融合教育协同现状调查问卷结构图

（2）问卷的信效度

采用内部一致性信度和分半信度对信度进行检验。如表 3-1 所示，融合教育协同现状调查问卷总体 Cronbach 系数为 0.999，分半信度为 0.863，四个维度的 Cronbach 系数在 0.897 以上，问卷具有非常高的信度。

表 3-1　融合教育协同现状调查问卷 Cronbach 系数和分半信度分析

因素	Cronbach 系数	分半信度
师生接纳	0.897	0.844
课程教学	0.927	0.790
学校支持	0.950	0.862
环境辅助	0.933	0.800
行政管理	0.950	0.832
总问卷	0.999	0.863

采用平均方差提取值（Average Variance Extracted，AVE）对问卷的效度进行检验。平均方差提取值是潜在变量所解释的变异量中有多少变异量来自指标变量，一般来说，若潜在变量的 AVE 大于 0.5 且组合信度大于 0.7，则说明模型内部质量很好。由表 3-2 可知，融合教育协同现状调查五个维度的平均方差提取值基本大于 0.7，而组合信度 CR 值大于 0.9，模型内部质量较高，量表具有较好的收敛效度。

表 3-2　融合教育协同现状调查问卷收敛效度分析

因素	平均方差提取值（AVE）	组合信度 CR 值
师生接纳	0.823	0.974
课程教学	0.821	0.980
学校支持	0.780	0.977
环境辅助	0.826	0.971
行政管理	0.881	0.974

2. 研究对象

本研究采用目的抽样，抽取江苏省苏州市A、B、C、D四区进行融合教育协同现状调查。

（三）研究结果

1. 四区融合教育协同现状总体分析

对四区融合教育协同现状总体均分进行比较，相对于理论中数3分而言，如图3-2所示，A、B、C、D四区融合教育协同整体水平呈现三个层次：中、中等偏上、较高。总体而言，D区融合教育协同处于中等水平，B区和C区处于中等偏上水平，而A区处于较高水平。

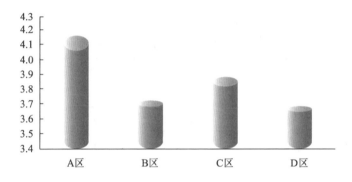

图3-2　A、B、C、D四区融合教育协同现状总体均分

2. 四区融合教育协同现状五维度现状分析

对四区融合教育协同现状的五个维度的均分进行比较，如图3-3所示。在师生接纳这一维度上，A、B、C、D四区的得分为4.15、3.79、

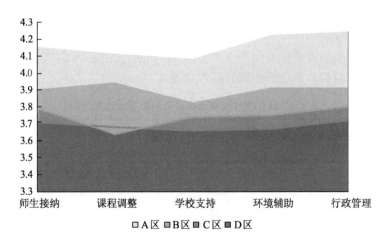

图3-3　A、B、C、D四区融合教育协同现状五个维度的均分比较

3.9、3.71,以理论中数 3 分为标准,B 区和 D 区的师生接纳与关怀中的教师协同得分处于中位水平;在课程调整这一维度上,A、B、C、D 四区的得分为 4.11、3.64、3.94、3.68,除 A 区得分高于理论中数水平外,B 区、C 区和 D 区均属于中等偏上水平;在学校支持这一维度上,A、B、C、D 四区的得分为 4.08、3.74、3.82、3.66;在环境辅助这一维度上,A、B、C、D 四区的得分为 4.22、3.75、3.91、3.67,也属于融合教育协同水平得分比较好的方面;在行政管理这一维度上,A、B、C、D 四区的得分为 4.24、3.8、3.91、3.72,相对来说是得分最高的维度。

3. 四区融合教育协同的优劣势分析

通过对四区融合教育协同现状多个项目的得分均值进行对比分析,发现四个区域在融合教育协同方面各有优劣。如图 3-4 所示,A 区的融合教育协同状况最好,其次为 C 区,而 B 区和 D 区的融合教育协同水平相对而言有待提升。接下来对四区融合教育协同现状调查结果做个体分析。

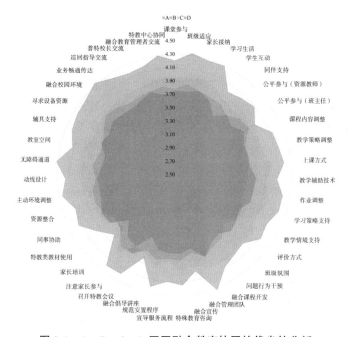

图 3-4　A、B、C、D 四区融合教育协同的优劣势分析

(1) A 区融合教育协同现状

如图 3-5 所示,A 区在融合教育协同现状各方面的水平较为均衡,在"学校建立校长为第一责任人、分管校长具体负责的融合教育管理团队"(图中简称"融合管理团队")这一题项上得分最高,说明 A 区各普通学

校致力于通过建设学校融合教育管理团队，学校各相关人员协同开展融合教育，在行政管理层面上校长作为主要管理者，负责融合教育团队的建设。得分最低的三项为"班主任向学校行政人员积极争取特殊教育需要学生参与学校活动的机会［图中简称"公平参与（班主任）"］、"学校定期举办特殊教育实践与融合教育倡导相关讲座（图中简称"融合倡导讲座"）和"学校会开展融合教育家长培训课程（图中简称"家长培训"）三个方面。

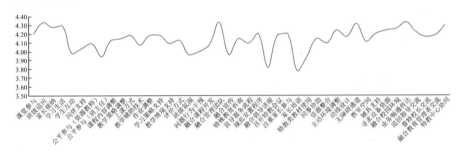

图 3-5　A 区融合教育协同的优劣势分析

（2）B 区融合教育协同现状

如图 3-6 所示，B 区融合教育协同在"资源教师会协同班主任，持续关心特殊教育需要学生的班级适应情形"这一题项上得分最高，说明资源教师能与班主任在特需学生的班级管理方面实现协同，较好提供特需学生的入学支持与班级适应支持。而得分最低的五个题项分别为：① 资源教师会协同任课教师，使用各种教学辅助技术帮助特殊教育需要学生学习（图中简称"教学辅助技术"）；② 资源教师会协同任课教师，根据特殊教育需要学生的学习状况适度调节作业难度和分量（图中简称"作业调整"）；③ 资源教师会协同任课教师，依据特殊教育需要学生的身心状况调整课堂教学策略（图中简称"教学策略调整"）；④ 资源教师能协同班主任，开展营造良好、融合氛围的班会等主题活动（图中简称"班级氛围"）；⑤ 任课教师可根据需要利用特教类教材，指导特殊教育需要学生（图中简称"特教类教材使用"）。以上 5 个项目的平均数低于 3.62 分，且低于 B 区融合教育协同现状的平均分，为 B 区融合教育协同亟待改善的项目。而这五个项目，其中四个项目属于课程与教学中的协同维度，B 区融合教育工作中融合课程与教学中的协同最为薄弱。

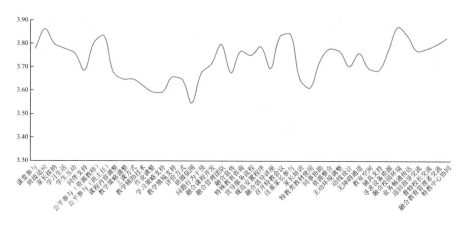

图 3-6　B 区融合教育协同的优劣势分析

(3) C 区融合教育协同现状

如图 3-7 所示，C 区在"巡回指导教师会协同资源教师、任课教师，依据特殊教育需要学生的需求实施弹性上课方式，如个别指导和分组教学"这一项目上得分最高，说明 C 区的巡回指导教师能够根据学生的个别化教育需求设置多样化的教学组织形式，通过个训课和小组课满足其个别化教育需求；而在"融合教育课程开发"和"评价方式"方面的得分为其次，说明 C 区学校行政支持巡回指导教师、资源教师、任课教师开展融合课程开发、调整与应用，同时资源教师会协同任课教师，采取适合特殊教育需要学生的多元化的评价或者考试方式。得分最低的五个题项分别为：① 学校向全体教职工明确融合教育服务流程（图中简称"宣导服务流程"）；② 学校可根据需要定期举办特殊教育实践与融合教育倡导相关讲座；③ 学校定期或者不定期召开特殊教育相关会议（图中简称"召开

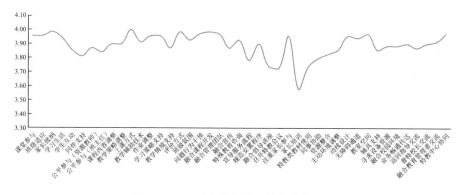

图 3-7　C 区融合教育协同的优劣势分析

特教会议")；④学校会开展融合教育家长培训课程（图中简称"家长培训"）；⑤任课教师可根据需要利用特教类教材，指导特殊教育需要学生。

以上五个项目的平均数低于3.58分，为C区融合教育协同迫切需要改善的项目。而这五个项目均属于学校资源与支持系统协同维度，C区在普通学校内部的融合教育协同方面需要提升。

(4) D区融合教育协同现状

如图3-8所示，D区融合教育协同所有项目得分均未达到4分以上，在"资源教师会协同班主任，争取普通学生家长对特殊教育需要学生的接纳"和"学校建立校长为第一责任人、分管校长具体负责的融合教育管理团队"上得分最高为3.80，说明D区融合教育协同的优势体现在家校合作和融合教育团队管理上。得分最低的五个项目分别为：①在资源教师和班主任的倡导下，多数普通学生会主动与特殊教育需要学生互动（图中简称"学生互动"）；②针对特殊教育需要学生的问题行为，资源教师会协同影子老师或巡回指导教师采取适当的干预方法（图中简称"问题行为干预"）；③学校定期举办特殊教育实践与融合教育倡导相关讲座；④学校会开展融合教育家长培训课程；⑤教室空间使用各类设施能增进特殊教育需要学生学习（图中简称"教室空间"）。

以上五个项目的平均数低于3.6分，为D区融合教育协同中迫切需要改善的项目，而其中融合教育倡导和家长培训属于学校资源与支持系统协同维度。另外，在学生互动和对特殊学生的问题行为支持方面，也需要进一步加强资源教师与班主任、影子老师等的协同。

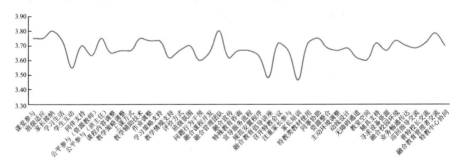

图3-8　D区融合教育协同的优劣势分析

4. 苏州市融合教育协同现状差异特征分析

（1）不同专业样本融合教育工作者协同现状

本研究调查中将不同专业分类统计为特殊教育、康复、学科教育及其他。由于康复专业样本只收集到2份，因此，笔者将其剔除。采用单因素方差分析，对不同专业相关从业者的融合教育协同现状进行差异性分析。

由表3-4可知，利用方差分析法去研究专业对于师生接纳协同、课程调整协同、学校支持协同、无障碍辅助协同、行政管理协同、总分共六项的差异性。可以看出：不同专业样本对于师生接纳协同、学校支持协同、无障碍辅助协同、行政管理协同、总分共五项不会表现出显著性（$p>0.05$），意味着不同专业样本对于师生接纳协同、学校支持协同、无障碍辅助协同、行政管理协同、总分均表现出一致性，并没有差异性；但是专业样本对于课程调整协同呈现出显著性（$p<0.05$），意味着不同专业样本对于课程调整协同有着差异性。具体分析可知：专业对于课程调整协同呈现出0.05水平显著性（$F=3.901$，$p=0.021$）。

表3-4 不同专业样本融合教育工作者协同现状的差异比较

因素	专业：（平均值±标准差）			F	p
	特殊教育（$n=14$）	学科教育（$n=213$）	其他（$n=62$）		
师生接纳协同	4.04±0.62	3.82±0.95	4.01±0.74	1.341	0.263
课程调整协同	4.18±0.59	3.72±0.90	4.01±0.79	3.901	0.021*
学校支持协同	4.13±0.53	3.74±0.90	3.98±0.84	2.801	0.062
无障碍辅助协同	4.13±0.80	3.80±0.93	4.03±0.88	2.116	0.122
行政管理协同	4.17±0.76	3.84±0.95	4.06±0.90	2.021	0.134
总分	4.13±0.54	3.77±0.88	4.01±0.78	2.756	0.065

注：*$p<0.05$，**$p<0.01$。

（2）不同职务样本融合教育工作者协同现状

本研究调查对象主要包括行政领导、资源教师、巡回指导教师、任课教师、康复师等，由于康复师样本只收集到3份，因此，将其剔除分析。采用单因素方差分析法，即方差分析法，对不同职务或角色融合教育相关从业者的融合教育协同现状进行差异性分析。

从表 3-5 可知，利用方差分析法研究不同职务对于师生接纳协同、课程调整协同、学校支持协同、无障碍辅助协同、行政管理协同、总分共六项的差异性，可以看出：不同职务样本对于师生接纳协同、学校支持协同、行政管理协同、总分共六项不会表现出显著性（$p>0.05$），意味着不同职务样本对于师生接纳协同、学校支持协同、行政管理协同、总分均表现出一致性，并没有差异性；另外，职务样本对于课程调整协同、无障碍辅助协同呈现出显著性（$p<0.05$），意味着不同职务样本对于课程调整协同、无障碍辅助协同有着差异性。具体分析可知：职务对于课程调整协同呈现出 0.05 水平显著性（$F=2.864$，$p=0.024$）；职务对于无障碍辅助协同呈现出 0.05 水平显著性（$F=2.985$，$p=0.019$）。

表 3-5　不同职务样本融合教育工作者协同现状的差异比较

因素	职务（平均值±标准差）					F	p
	行政 （$n=78$）	资源教师 （$n=76$）	巡回指导教师 （$n=13$）	任课教师 （$n=90$）	其他 （$n=31$）		
师生接纳协同	3.75±1.11	4.11±0.76	3.97±0.38	3.80±0.80	3.75±0.98	2.024	0.091
课程调整协同	3.66±1.02	4.06±0.72	4.09±0.59	3.74±0.80	3.69±0.99	2.864	0.024*
学校支持协同	3.73±1.09	3.97±0.71	3.99±0.41	3.81±0.78	3.56±1.06	1.606	0.173
无障碍辅助协同	3.72±1.07	4.13±0.80	4.10±0.71	3.82±0.82	3.62±1.01	2.985	0.019*
行政管理协同	3.76±1.13	4.13±0.80	4.14±0.57	3.85±0.82	3.71±1.06	2.213	0.068
总分	3.72±1.04	4.06±0.71	4.05±0.46	3.79±0.74	3.65±0.99	2.395	0.051

注：*$p<0.05$，**$p<0.01$。

总结可知：不同职务样本对于师生接纳协同、学校支持协同、行政管理协同、总分不会表现出显著性差异；另外，职务样本对于课程调整协同、无障碍辅助协同呈现出显著性差异。

（3）不同区域样本融合教育工作者协同现状

采用单因素方差分析法，对不同区域融合教育协同现状进行差异性分析。差异比较结果见表 3-6。

表 3-6 不同区域样本融合教育工作者协同现状的差异比较

因素	区域（平均值±标准差）				F	p
	1.0 ($n=54$)	2.0 ($n=108$)	4.0 ($n=60$)	8.0 ($n=69$)		
师生接纳协同	4.15±0.70	3.79±0.95	3.71±1.02	3.90±0.82	2.743	0.043*
课程调整协同	4.11±0.69	3.64±0.91	3.68±1.00	3.94±0.77	4.586	0.004**
学校支持协同	4.08±0.61	3.74±0.97	3.66±0.98	3.82±0.85	2.425	0.066
无障碍辅助协同	4.22±0.72	3.75±0.97	3.67±1.02	3.91±0.88	4.202	0.006**
行政管理协同	4.24±0.74	3.80±1.01	3.72±1.02	3.91±0.88	3.549	0.015*
总分	4.14±0.64	3.73±0.90	3.68±0.98	3.89±0.78	3.613	0.014*

注：*$p<0.05$，**$p<0.01$。

从表 3-6 可知，利用方差分析法研究区域之间师生接纳协同、课程调整协同、学校支持协同、无障碍辅助协同、行政管理协同、总分共六项的差异性：不同区域对于学校支持协同因素不会表现出显著性（$p>0.05$），意味着不同区域对于学校支持协同均表现出一致性，并没有差异性；另外，区域之间师生接纳协同、课程调整协同、无障碍辅助协同、行政管理协同、总分共五项呈现出显著性（$p<0.05$），意味着不同区域之间师生接纳协同、课程调整协同、无障碍辅助协同、行政管理协同、总分存在差异性。具体分析可知：区域之间师生接纳协同呈现出 0.05 水平显著性（$F=2.743$，$p=0.043$），区域之间课程调整协同呈现出 0.01 水平显著性（$F=4.586$，$p=0.004$），区域之间无障碍辅助协同呈现出 0.01 水平显著性（$F=4.202$，$p=0.006$），区域之间行政管理协同呈现出 0.05 水平显著性（$F=3.549$，$p=0.015$），区域之间总分呈现出 0.05 水平显著性（$F=3.613$，$p=0.014$）。

由此可知，不同区域之间学校支持协同未表现出显著性差异，但是在师生接纳协同、课程调整协同、无障碍辅助协同、行政管理协同及区域整体协同之间呈现出显著性差异。

（四）结论和建议

根据上述对苏州市四区融合教育协同现状的评估结果，本研究得出了相应结论，并提出了相关建议。

1. 结论

（1）不同区域融合教育协同现状水平存在差异

本研究发现，A、B、C、D 四区融合教育协同现状处于不同水平，其中 A 区作为融合教育工作起步最早、建设融合教育资源中心最多、融合教育相关成果积累最多的区域，其协同现状最佳，而 C 区是其中区域特殊学校建校年限最短、区域融合教育起步最晚的区域，却依托巡回指导教师队伍建设，迅速提升区域融合教育质量，其协同现状也较好。

（2）整体而言，学校资源与支持系统协同现状有待改善

本研究发现，A、B、C、D 四区在学校资源与支持系统协同方面均是相对较弱的因素，主要体现在以下几个方面：融合教育倡导工作有待完善；全体教职工对于融合教育服务的流程认识不清；在融合教育开展过程中不注重家长参与；未开设相应的融合教育家长培训课程；学校任课教师和其他融合教育工作人员的协同程度较低；任课教师未能妥善使用特殊教育类相关教材为学生提供相应的教育；等等。

（3）不同专业和职务调查样本协同现状存在差异

本研究发现，不同专业和职务调查样本融合教育工作者协同现状存在差异，主要表现在与特殊教育专业相关的教师能够主动参与区域融合教育协同工作，而与学科教学相关的教师的协同程度相对较低；资源教师和巡回指导教师能够主动参与到区域融合教育协同工作中，而行政领导和学科教师的协同程度相对较低。

2. 建议

（1）注重完善学校资源与支持系统协同

在区域融合教育发展的进程中，普通学校在普通教育和特殊教育融合的教育发挥着主体角色。李拉（2022）指出，除了各种外在力量的强化与介入，作为主体地位的普通学校的积极参与及内部协同，是融合教育质量的保障。[①] 调查中发现苏州四区在学校资源与支持系统协同维度相对得分均较低，因此，应该在融合教育工作中加深学校全体教职工对融合教育的认识，举办与融合教育相关的讲座，宣传融合教育政策与理念，同时加强家长培训和校内外各类资源的整合。

（2）持续推进区域融合教育联动协同

从调查结果可以发现，各区域融合教育协同存在相对的优势和劣势，因此，大市范围内的区域融合教育联动显得尤其重要，不同区域或障碍类型巡回指导教师就工作中的具体案例展开合作交流并提出协同方案，能共同解决与融合教育相关的问题。针对融合教育推进过程中出现的难点和重点，由市一级特殊教育指导中心充分利用其专业资源，协同参与融合教育

---

① 李拉. 融合教育学［M］. 南京：南京大学出版社，2022.

的各个部门和相关人员,以巡回指导为实践基础,探索融合教育协同指导的流程、制度、内容、路径、策略等。

(3) 关注行政管理与专业指导协同

在融合教育的推进过程中,各相关部门就融合教育业务传达信息并执行任务,推进普通学校和特殊教育学校之间、教育行政部门之间和特殊教育指导中心相关部门之间的协同。特别是特殊教育指导中心,在管理层面上,实现与教育、卫生健康、民政等部门的责任协同,同时也起到监督和专业指导的作用,促进各系统相关人员提高自身的专业水平。另外,各区域巡回指导教师,作为特殊教育的专业从业人员,在课程与教学调整的协同中发挥至关重要的作用,也直接影响区域融合教育的发展水平。

(4) 提升学校班主任与任课教师融合教育协同的积极性

具体到微观层面上特需儿童的学校适应与教学,班主任与任课教师是尤其关键的角色。我们在调查中发现任课教师教学策略的调整、教学辅助技术的使用、作业的调整及学习策略的支持、教学情境的设置等,都直接关系特需学生的发展水平,因此,在区域融合教育协同工作中,只有不断提升学校班主任与融合教育教师的协同积极性与专业水平,才能使个别化教育落到实处,最终实现融合教育的发展。

第二节 "会诊":融合教育协同指导模式制度

苏州市融合教育协同指导模式的提出,主要针对融合教育推进过程中出现的疑难杂症,由特殊教育指导中心充分利用其专业资源,协同参与融合教育的各个部门和相关人员,在共同研究和解决相关问题的过程中,以巡回指导为研究基础,探索融合教育协同指导的流程、制度、内容模块、路径及策略等,构建并形成"会诊"模式,最终帮助特需学生融入普通学校,提升融合教育质量。为保障融合教育协同指导模式的顺利落地实施,由苏州市特殊教育指导中心牵头,形成融合教育协同指导系列制度和融合教育"会诊"指导实施意见。

一、指导思想

为推进苏州市融合教育质量的全面提升,努力培养一支综合素质好、专业能力强的巡回指导教师队伍,建立融合教育优秀教师协作互动的培养人才新机制,努力提升苏州市巡回指导教师的核心竞争力,特此成立"苏州市融合教育协同指导联盟"。旨在通过联盟活动、协同指导、协同调研、业务指导、教研成果推广等途径，充分发挥联盟成员的专业引领作用，真正成为师德的表率、育人的模范、融合教育协同指导改革的示范者和实践者，为办好人民满意的融合教育贡献力量。

二、工作职责

融合教育协同指导联盟研究周期为三年。联盟成员应掌握特殊教育评估及教学能力、融合教育专业能力、个别化教育专业能力等，并在其教育教学研究方面有所专长。

（一）钻研理论。联盟成员应认真钻研融合教育协同指导理论，注重学习先进地区的经验。

（二）学习政策。联盟成员应积极学习融合教育协同指导政策法规，学习上级业务主管部门发的相关文件。

（三）制订计划。联盟负责人根据研究实际，认真制订融合教育协同指导活动计划。

（四）开展活动。根据教研计划和上级教育部门工作要求，定期开展融合教育协同指导研究活动。

（五）指导业务。联盟成员应发挥骨干引领作用，带头参与融合教育教学改革实验；积极承担全市融合教育教师业务培训工作和个案协同指导工作。

（六）研究难点。联盟成员应积极研究融合教育瓶颈问题，攻坚克难，形成经验成果。

（七）推广成果。积极推广苏州市融合教育协同指导模式等实践成果。

（八）其他事项。联盟成员应认真完成苏州市特殊教育指导中心等上级部门交办的其他工作。

三、主要工作

（一）提升协同理论素养，适性把握普特相融

明确区域融合教育协同指导的重要性，采取有效措施提升融合教育巡回指导专业素养及协同指导意识。联盟成员及相关区域融合教育巡回指导教师参加各级各类融合教育培训，深入领会融合教育理论内涵和课程改革精神。

（二）打造协同指导范式，重点解决疑难问题

针对融合教育推进过程中出现的疑难杂症，由特殊教育指导中心充分利用其专业资源，协同参与融合教育的各个部门和相关人员，在共同研究解决相关问题过程中，以巡回指导为研究基础，探索融合教育协同指导的流程、制度、内容模块、路径及策略等，最终帮助特殊教育需要学生融入普通学校，提升融合教育质量。

（三）推进协同"会诊"流程，探索"会诊"组织形式

联盟以"会诊"形式依托个案解决融合教育关键难题，逐步形成融合教育学校"会诊"流程、IEP"会诊"流程、特殊教育需要学生评估安置"会诊"流

程、融合教育课程"会诊"流程等。逐步探索融合教育校内"会诊"、校外"会诊"、区域"会诊"、特需"会诊"、督导"会诊"等多种"会诊"组织形式。

（四）探索多元协同体系，着力形成"会诊"模式

1. 探索并形成从"学校科任教师"到"巡回指导教师"教师成长协同指导模式。

2. 探索并形成从"家长主题沙龙"到"家长喘息服务"家校合作协同指导模式。

3. 探索并形成从"IEP与课程两轨道"到"IEP与课程相互适应"个案教学协同指导模式。

4. 构建从"基础巡回指导教师"到"督导巡回指导教师"区域巡回指导团队和个案督导协同指导管理模式。

（五）构建协同指导师资梯队，统筹培训融合师资

组织好苏州市巡回指导教师分障碍类型以及分级分类的入职培训和在职培养，明确巡回指导教师的服务类型与服务频率；实施"分级+分层""零星+集中""线上+线下"培训形式，苏州市特殊教育指导中心组织重点上岗培训，各区域特殊教育指导中心对融合教育教师全员培训，不断提高融合教育资源中心管理团队、任课教师对融合教育协同指导的认识。

四、成员名单

（一）成立苏州市融合教育协同指导联盟领导小组

苏州市融合教育协同指导联盟领导小组按照苏州市特殊教育指导中心组织架构开展工作指导。

（二）成立苏州市融合教育协同指导联盟工作小组

组　　长：吴建东　苏州市特殊教育指导中心常务副主任、苏州市盲聋学校校长

副组长：陈　茜　苏州市教育局基础教育处特教专干、苏州市特殊教育指导中心办公室主任

　　　　王　欢　苏州市教育科学研究院特教教研员
　　　　林绪奖　张家港市市特殊教育学校校长
　　　　朱文宝　常熟市特殊教育学校校长
　　　　王　燕　太仓市特殊教育学校校长
　　　　糜增芳　昆山爱心学校校长
　　　　蔡晓强　吴江区特殊教育学校校长
　　　　徐　斌　吴中区特殊教育学校校长
　　　　曹红英　相城区特殊教育学校校长
　　　　刘嫣静　姑苏区特殊教育学校校长
　　　　范　里　工业园区仁爱学校校长

施建兴　高新区特殊教育学校校长
王　黎　常熟市海虞幼儿园园长
陆　英　吴中区石湖幼儿园园长
沈奇明　相城区黄埭中心小学校长
杨春芳　苏州工业园区第二实验小学校长
蒋艳红　苏州高新区实验幼儿园总园长
徐寅倩　苏州市立达中学校校长
林　红　苏州市实验小学校校长
田　鸿　苏州幼儿师范高等专科学校附属花朵幼儿园园长

组　员：许昕寅　苏州市特殊教育指导中心巡回指导教师
殷晨云　苏州市特殊教育指导中心巡回指导教师
柏佳美　苏州市特殊教育指导中心巡回指导教师
方　英　张家港市特殊教育指导中心巡回指导教师
贾玉环　张家港市特殊教育指导中心巡回指导教师
施　惠　张家港市乐余中心小学资源教师
张　熠　常熟市特殊教育指导中心巡回指导教师
张喜梅　常熟市徐市中心小学资源教师
李　健　太仓市特殊教育学校巡回指导教师
茅菊鞞　太仓市璜泾镇幼教中心荣文幼儿园资源教师
张悦乐　昆山市特殊教育指导中心巡回指导教师
徐　晶　昆山市千灯镇亭林小学资源教师
戴玉萍　吴江区特殊教育指导中心巡回指导教师
陆诗佳　吴江区特殊教育指导中心巡回指导教师
王　洁　吴江区平望实验小学资源教师
李平彦　吴中区特殊教育指导中心巡回指导教师
顾艳菲　苏州市吴中区石湖实验幼儿园资源教师
木冬冬　相城区特殊教育指导中心巡回指导教师
刘珊珊　相城区特殊教育指导中心巡回指导教师
周　丽　南京师范大学相城实验幼儿园资源教师
徐荻菲　姑苏区特殊教育指导中心巡回指导教师
时殷雅　苏州市虎丘教育集团虎丘实验小学资源教师
张群超　工业园区特殊教育指导中心巡回指导教师
项海林　工业园区特殊教育指导中心巡回指导教师
查　成　苏州工业园区独墅湖学校资源教师
吴晓星　高新区特殊教育指导中心巡回指导教师
霍宝宏　高新区特殊教育指导中心巡回指导教师

　　　　　陆方圆　苏州高新区成大实验幼儿园
顾　问：李　拉　南京特殊教育师范学院特殊教育学院院长
　　　　　朱宗顺　浙江师范大学儿童发展与教育学院教授
　　　　　储昌楼　江苏省特殊教育指导中心特约研究员
　　　　　陆振华　常熟市特殊教育指导中心
　　　　　孟春芳　常熟市特殊教育学校副校长
　　　　　荣晓兰　苏州市孤独症研究会秘书长

希望联盟成员充分发挥示范带头作用，真正成为协同指导的表率、融合教学的专家、融合教育协同指导改革的示范者和实践者；通过教学调研、业务指导、教研成果推广等途径，提升我市融合教育发展水平，办好人民满意的融合教育。

（四）探索多元协同体系，着力形成"会诊"模式

1. 探索并形成从"学校科任教师"到"巡回指导教师"教师成长协同指导模式。

2. 探索并形成从"家长主题沙龙"到"家长喘息服务"家校合作协同指导模式。

3. 探索并形成从"IEP与课程两轨道"到"IEP与课程相互适应"个案教学协同指导模式。

4. 构建从"基础巡回指导教师"到"督导巡回指导教师"区域巡回指导团队和个案督导协同指导管理模式。

（五）构建协同指导师资梯队，统筹培训融合师资

组织好苏州市巡回指导教师分障碍类型以及分级分类的入职培训和在职培养，明确巡回指导教师的服务类型与服务频率；实施"分级+分层""零星+集中""线上+线下"培训形式，苏州市特殊教育指导中心组织重点上岗培训，各区域特殊教育指导中心对融合教育教师全员培训，不断提高融合教育资源中心管理团队、任课教师对融合教育协同指导的认识。

第三节　"会诊"：融合教育协同指导模式实践

一、"会诊"：融合教育协同指导模式主要内容

"会诊"是指几个医生共同诊断疑难病症，也常用来比喻几个方面共同研究解决工作中出现的疑难问题。融合教育巡回指导工作的协同指导模式中的"会诊"，特指基于融合教育巡回指导的一种创新形式，由特殊教

育指导中心充分利用自身专业资源，协同参与融合教育的各个部门和相关人员，对特需学生和承担融合教育的普通学校提供指导、咨询与帮助，共同研究和解决与融合教育相关的问题。针对融合教育推进过程中出现的疑难杂症，由市一级特殊教育指导中心充分利用自身的专业资源，协同参与融合教育的各个部门和相关人员，在共同研究解决相关问题的过程中，以巡回指导为研究基础，探索融合教育协同指导的流程、制度、内容模块、路径、策略等，构建并形成"会诊"模式，最终帮助特需学生融入普通学校，提升融合教育质量。融合教育"会诊"流程指逐步形成融合教育学校"会诊"流程、IEP"会诊"流程、特需学生评估安置"会诊"流程、融合教育课程"会诊"流程等。融合教育"会诊"制度包括特殊教育联席会议制度、融合教育"会诊"指导实施意见、融合教育督导制度、特殊教育服务清单制度、特需学生IEP制度、特需学生评估与安置制度等。融合教育"会诊"内容主要包括逐步探索融合教育实验学校建设、学前融合教育资源中心建设、小学融合教育资源中心建设、初中融合教育资源中心建设、职高融合教育资源中心建设等。在融合教育"会诊"人员的研究过程中逐步成立苏州市融合教育巡回指导委员会、残疾儿童专家委员会、融合教育教学研究中心组等，探索并形成从"学校任课教师"到"巡回指导教师"教师成长协同指导模式，从"家长主题沙龙"到"家长喘息服务"家校合作协同指导模式，从"IEP与课程两轨道"到"IEP与课程相互适应"个案教学协同指导模式，从"基础巡回指导教师"到"督导巡回指导教师"区域巡回指导团队和个案督导协同指导管理模式。

根据融合教育发展目标，苏州市特殊教育指导中心统筹谋划，运用一区一策的指导策略，鼓励各区呈现各具特色的发展样态。如：常熟市以县域特教班为区域融合教育特色建设，相城区以特需学生职业教育发展为未来新规划方向，姑苏区着眼于学前融合教育资源中心建设。探索指向"会诊"的融合教育协同指导资源支持，从单纯的爱心支持逐步转变，形成政府部门融合教育政策支持、教育部门融合教育专业服务支持、残联系统教育康复经费支持、社会公益系统助学帮扶支持等多部门协同的支持体系。

二、诊疗教协作，医教康融合——特需儿童成长过程的协作呵护

江苏省"十四五"特殊教育提升与行动计划提出，要促进医教康融合，在数据互通、资源协调、诊疗协作等方面，不断加强卫生健康、民政、残联及教育之间的合作。高质量的特需儿童支持系统，从出生到教

育，都需要与个体相关的社会部门在健康、教育、社会服务等方面参与合作，结合苏州地区的相关经验，对发育追踪、医疗诊断、0~3岁儿童早期干预、教育筛查、安置评估、康复服务等各个方面的总结如下。

1. 医学筛查及诊疗：把好预防出生缺陷第一道关

从女性怀孕到儿童出生，医疗系统承担起医学筛查的重要任务。建立出生缺陷综合防治体系，能及时进行先天缺陷的筛查，并抓住0~3岁儿童的早期干预关键期。这一阶段以医疗部门的诊断及医学康复的协作为主，以诊疗为主要的工作内容，把好预防及诊治出生缺陷的第一道关。以个案A为例，A是一名先天脑发育不全的儿童，无语言及行动能力，出生确诊后，立即开展0~6岁医学康复训练，7周岁进入法定受教育年龄后，经区特殊教育专家委员会认定其受教育方式为送教上门，该个案每日在残联定点康复机构接受言语、肢体康复治疗，由区域社工组织提供每月14次的入户指导，每两周一次由属地学校教师开展送教上门服务。

2. 入学体检及筛查：把好早期筛查干预第二道关

在入园及入学阶段，根据提升计划要求，入园入学体检报告应包含儿童发育障碍信息，针对出生缺陷导致的视力障碍、听力障碍、肢体障碍等儿童，这有利于开展校（园）内筛查及干预工作，但是发育迟缓、孤独症等儿童的早期筛查干预则面临一定困难，因此，以区特殊教育指导中心为工作机构的融合教育服务，在这一环节开始发挥其重要作用。《关于加强普通学校融合教育资源中心建设的指导意见》指出，教师发现疑似特需学生后，应及时与家长、任课教师交流和沟通，全面了解学生的生理、心理状况，进行差异性教学和个别辅导；必要时请学校融合教育负责人组建校内融合教育团队，尝试在生活、学习等方面进行综合干预。在区域融合教育实践工作中，为避免特需儿童出现入学适应困难、学业困难等问题，学校在学生入学阶段就建议学生进行医学诊断，很容易引起争议。因此，首先进行安置前的校内干预，最大的矛盾点在于如何在避免贴标签的同时，还让特需儿童享受到与特殊教育相关的服务。校内干预阶段是普通学校接纳随班就读学生的缓冲期，同时也是随班就读学生入学适应的关键期，因此，在这一阶段巡回指导教师、资源教师、班主任、影子老师应分别就随班就读学生入学适应情况围绕课程调整、功能康复、融合氛围创设、行为训练等方面协同开展校内干预。以个案B为例，B进入幼儿园小班之后，班级老师发现幼儿存在不合群、刻板、语言发育迟缓等状况，于是上报幼儿园资源教师，协同区特殊教育指导中心巡回指导教师展开早期筛查，发现幼儿确实存在特殊教育需要，于是和家长签订融合教育服务清单后，开始对幼儿进行个别化教育。

3. 障碍鉴定与评估：把好教育康复第三道关

在校（园）内筛查环节之后，因个体障碍原因需要开展教康融合教育工作的，则进入区域融合教育工作的科学安置环节，开展障碍鉴定与评估环节。区域融合教育应着力于构建区域随班就读学生医学诊断、专委会安置评估、特殊教育指导中心教育评估、融合教育资源中心过程性评价的四级诊评疗教体系，形成融合教育共同体工作流程。其中主要涉及四个工作团队，一是以校内干预团队为基础的安置前服务工作小组，主要由特殊教育指导中心巡回指导团队和普通学校融合教育团队主导，向疑似特需儿童提供为期一年的校内干预；二是以区域医学专家为主的医学诊断团队，校内干预团队综合评估个案情况后，由主要负责人将个案转介至所在地二甲以上医院进行医学诊断，获取医学诊断报告；三是以区域特殊教育专家委员会为基础的评估安置工作团队，结合校内干预及医学诊断的情况，对个案的安置方式提出合理的建议；四是以个别化教育计划为基础的教育评估及教学服务工作团队，针对个案的个体功能及学业发展情况开展评估，并以此为起点开展个别化教育。以个案 C 为例，经学校一年的校内服务，融合教育团队认为该个案需要进一步转介，选择适合其能力发展的教育安置，经过一系列评估，特殊教育指导中心邀请来自区二甲医院、区社工组织、区残联的特殊教育专家委员会成员，商讨确定个案的安置方式。会上讨论决定了区域特殊教育需要儿童的送教上门、特殊教育学校就读、普通学校随班就读等安置方式，各部门对于教育康复过程中可以提供的资源展开商讨，进一步实现信息互通。

在以上工作流程中，以区域特殊教育指导中心、区域特殊教育专家委员会为组织载体，特殊儿童的早发现、早治疗、早康复、早教育的过程体现了诊疗教协作和医教康融合，使教育、卫健、残联及民政部门，在一个特需儿童从出生到教育甚至终身发展的过程中相互协作，实现特需儿童的最优发展。

三、跨专业服务视域下孤独症儿童融合教育协同指导

孤独症儿童融合教育的多主体参与是其主要特征，也是孤独症家庭需求与政策要求的应然状态，但是在实际执行过程中存在协同主体不明确、协同内容形式化、协同进程冲突化等状况。为更好地开展孤独症儿童融合教育，提出跨专业服务视域下的融合教育协同育人模式，从微观、中观、宏观场域构建孤独症融合教育跨专业服务体系，具体包含厘清融合教育协

同育人各场域的协调人、参与者、主要内容，明晰跨专业融合教育协同育人的学校主体实践策略。孤独症儿童教育面临个体特征差异大、发展水平不一、贯穿生命全程教育与发展支持的复杂性个体特征；同时家长的教育需求多样，有着从心理、环境、管理、资金等多个层面的家庭教育支持需求；其成长过程中需要涵盖政府部门、学校教育机构、医疗机构、康复机构、社区服务机构等多方的系统参与，但是各主体在协作过程中经常面临困难，阻碍了融合教育质量的提升。本书基于对苏州市部分市县区相关部门工作人员及家长的半结构式访谈，分析孤独症儿童融合教育协同育人的现状，致力于构建跨专业服务视域下的孤独症儿童融合教育协同育人模型，厘清多主体参与的融合教育协同育人的主要内容，推动孤独症学生协同育人跨专业服务的顶层设计，以及初步探索协同育人的跨专业服务标准以普通学校为主导的协同育人实践路径。

（一）孤独症儿童融合教育协同育人政策要求与现实需求

1. 协同育人：融合教育的政策要求

（1）明确融合教育的多主体特征

《"十四五"特殊教育发展提升行动计划》和《中华人民共和国残疾人教育条例》都明确提出了融合教育的跨专业要求：一是建立和健全由教育部门牵头，卫生健康、民政、残联共同参与的省、市、县三级特殊教育指导中心；二是推动特殊教育学校和普通学校结对帮扶、融合办学；三是建立跨地域和跨领域集体教研等制度；四是小学创建孤独症定点康复机构，与定点康复机构开展教康合作；五是严格教育评估和个别化教育程序，依法组织教育、医疗、卫生、康复、社会工作等进行综合性的教育评估；六是促进医教康融合、服务内容共享、数据互通。其中都体现了融合教育的多主体协同指导和干预，相关主体包括教育、卫生健康、民政等部门，以及特殊教育学校、普通学校、教研部门、康复机构等。

（2）强调普通学校主体的融合特征

融合教育是指普特融合的教育，其中普通学校在其中承担着主体角色。普通学校的融合教育质量是核心要素，是开展融合教育教学的主体。如果没有作为主体地位的普通学校的积极参与，而仅靠各种外在力量的强化与介入，融合教育的质量是很难有保障的。[①] 对于在普通学校安置的孤独症儿童，学校承担其教育、康复及家校协作等重要功能，也发挥资源链接的重要作用。普通学校应在围绕孤独症儿童教育发展的各个子系统之

---

① 李拉. 融合教育学 [M]. 南京：南京大学出版社，2022.

间起到协调的作用,最终实现协同育人。

(3) 重视跨专业合作的重要性

合作是有效开展教育教学的重要路径,是融合教育的一项重要价值观,是引领和推进融合教育实践的关键方式,特别是对于孤独症儿童的教育干预,既有教育的需求,又有康复或医学的需求,还有社会适应方面的需求,因此,其教育从根本上是跨学科、跨领域的。跨专业合作不仅可以打破各自为营、缺乏交流的现状,同时也可以让各个机构的资源相互流动起来,如:管理经验的交流、专业人员的合作等,有必要将孤独症行为评估和儿童发展性障碍的临床心理学家、精神病学家、儿科医生、神经病理学家、社会工作者、特殊教育教师及其他获得执业资格的治疗师等专业人士整合起来,建立起一支跨机构的工作团队,对孤独症儿童进行评估、诊断并帮助其制定具体的干预方案。[①]

2. 多重支持:孤独症儿童融合教育的现实需求

孤独症儿童教育发展的多重需求,是提供多重支持和跨专业服务的前提。根据《中国孤独症家长蓝皮书》的调查,家长的需求集中在社会保障需求、康复教育需求、家长心理支持需求、专业培训和获取资讯需求、家庭维权需求等方面。[②] 在苏雪云等对孤独症家长对融合教育需求的调查中,家长需求主要集中在心理需求、教学需求、信息需求、管理需求、政策需求、经济需求等方面。[③] 一名幼儿园孤独症个案的受访家长提出:"孩子进入小班时,行为问题比较严重,幼儿园的特殊教育老师和班级老师制订个别化教育计划,老师们觉得应该以融合教育为主,特别强调了可以聘请影子老师帮助孩子适应幼儿园生活。但是去机构做康复时,机构的老师觉得孩子情况这么严重,应该去特殊教育学校或者直接在机构做全日制康复,我有时也感到困扰,不知道该听谁的。"调研发现家长对物理环境的要求、适应性需求、教育需求、相关专业服务及家庭社区支持的需求,背后涉及多个主体协同参与,涵盖政府部门、学校教育机构、医疗机构、康复机构、社区服务机构等的系统、全面参与,服务于其家庭教育、学校教育乃至终身发展。目前其中主要的协调资源角色由家长扮演,家长在整个

---

① 杨广学,吕梦. 美国自闭症专业服务机构运作模式考察 [J]. 中国特殊教育. 2010, (8): 37-41.

② 中国精神残疾人及亲友协会. 中国孤独症家庭需求蓝皮本 [M]. 北京:华夏出版社, 2015.

③ 苏雪云,吴择效,方俊明. 家长对于自闭谱系障碍儿童融合教育的态度和需求调查 [J]. 中国特殊教育,2014 (3): 36-41.

支持系统中协调资源的能力有限,且更多时候处于被动状态,而学校建立的融合教育工作组以在校内开展融合教育工作为主,难以较好协调、利用社会资源,一旦各相关方发生理念冲突,则会使孤独症儿童的教育康复疗程受限,甚至对其融合教育质量产生较大影响。孤独症儿童发展对于多重支持的迫切需求,不仅需要跨专业服务团队的加持,更需要明确服务的主体、内容及策略。

(二) 孤独症儿童融合教育协同育人跨专业服务模型建构

跨专业团队服务最早是由美国脑瘫协会在全国协同婴儿计划中提出的概念,由家庭和不同专业人员组成,一起合作评估、制定课程、执行计划、评估进展等,分享跨专业领域的相关信息及技能,跨专业团队由一名成员担任主要责任,一起和团队执行拟定的计划,而其他成员给予角色支持。[①] 孤独症儿童融合教育是一项综合性的工作,它需要医学、教育学、心理学等多学科的支持,需要家庭、学校、社区、社会等多方面的合作,随着区域支持系统的完善,探索建立服务协调人机制,基于融合教育的孤独症学生的个别化需要来协调和促进各个子系统的合作。[②] 孤独症儿童融合教育协同育人有着以个案为中心、多元化需求、多主体参与的现状,但是由于主体间权责不清、服务功能分散且重叠,难以发挥协同育人的最大价值。借鉴国内外跨专业服务建设经验及孤独症儿童融合教育的现实需求,依托生态系统理论,本书提出孤独症儿童融合教育协同育人跨专业服务的模型框架,以及相应的跨专业服务合作标准。

1. 孤独症儿童融合教育协同育人跨专业服务模型

构建孤独症儿童融合教育协同育人跨专业服务模型,需要回应人员、场域、内容、策略等相关问题:明确融合教育协同育人的发生现场,明确融合教育协同育人的协调者与参与者,掌握融合教育协同育人的主要内容,把握融合教育协同育人的主要策略。针对以资源中心、普通学校及相关管理部门的三级场域,构建微观、中观、宏观的孤独症融合教育协同育人模型(表3-7)。

---

① 张翠娥,钮文英. 跨专业服务融入早期疗育课程实施历程研究. 特殊教育学报,2007 (26):111-138.
② 苏雪云,顾泳芬,杨广学. 发展生态学视角下的自闭症儿童融合教育支持系统:基于个案分析和现场研究. 基础教育,2017 (2):84-89,95.

表3-7 孤独症儿童融合教育协同育人跨专业服务模型

系统模型	协调人	参与者	内容	发生现场
宏观	指导中心管理者	教育、卫生健康、民政、残联、康复机构、社会组织、社区	行政管理与专业指导	学校、相关管理部门
中观	巡回指导教师	巡回指导教师、资源教师、康复师、医生、家长、社工、残联	学校资源与支持系统、无障碍环境与辅助技术	学校、医院、康复机构等
微观	资源教师	班主任、学科教师、学生、家长、康复师、影子老师、学校行政、巡回指导教师	课程与教学、师生接纳与关怀	校园、班级、融合教育资源中心

（1）完善融合教育协同指导顶层设计，建设行政管理与专业指导宏观模型

各级特殊教育指导中心是处于联席会议制度之下、各管理职能部门之上的非实体性工作机构，其实质在于统筹行政各管理部门的力量，推动和确立特殊教育的地位，转变特殊教育的发展理念，统筹特殊教育的资源，提升特殊教育的质量，建立考核评价机制等，在普特融合发展的起步阶段，发挥重要的定向和引擎作用。[①] 各级特殊教育指导中心管理人员在宏观协同的层面上实现行政管理与专业指导的职能：横向实现与教育、卫生健康、民政等部门的责任协同，为孤独症融合教育的顺利开展提供学校教育、医疗康复及托养就业等专业支持；纵向实现与中观系统及微观系统的协同，起到指导监督和专业指导的职责，提升各系统相关人员的专业化发展。

（2）明确普通学校协同育人主体责任，建设资源链接与多元支持宏观模型

普通学校是孤独症融合教育协同育人的主要场所和重要主体，学校成为链接多方资源开展协同育人、为孤独症教育及发展提供多元支持的核心力量，也促使家庭教育、学校教育、社会教育不再是壁垒分明、相互割裂的领域，而是相互联系、相互合作、相互促进的有机整体。[②] 孤独症融合

---

① 殷雅竹. 改良教育生态，架构普特融通的组织体系：江苏省特殊教育政策解读（三）[J]. 江苏教育，2023（2）：56-60.

② 窦媛，乔东平. "家校社协同"视域下家庭教育指导服务体系顶层设计与实施策略[J]. 中国教育学刊，2023（1）：34-39，74.

教育的主要目的是促使孤独症儿童融入学校、融入社会，激发普通学校在融合教育中的主体意识，建立以学校行政为主导的融合教育管理团队，能够以学校这一融合教育服务实施场所，链接来自家庭、特殊教育学校、康复机构、社区医院、社区残联等的资源，形成合力，为孤独症儿童提供多元支持。

（3）发挥特需学生发展支持中心功能，建设课程教育与接纳关怀微观模型

《"十四五"特殊教育发展提升行动计划》提出，应依托资源教室和专职特殊教育教师，在普通学校设立特需学生发展支持中心，负责全校融合教育工作的规划管理和教育教学科研，为学校融合教育提供法律政策咨询、评估工具应用和师资课程培训等专业服务。高质量的孤独症儿童教育亟须相应的课程保障和适当的教育策略，以提升孤独症儿童的学习能力。微观系统上的孤独症融合教育协同育人模型，以资源教师为协调人，协同班主任、学科教师、学生、家长、康复师、影子老师、学校行政、巡回指导教师等多方人员直接参与以孤独症个案服务为核心任务的课程与教学、融合教育氛围的创设、友好校园及班级的建设等。具体表现为以个别化教育计划为实施载体的特教班课程的实施、资源中心课程的建设、普通班学科教学的调整、学校及班级各类活动的参与等。

2. 孤独症儿童融合教育协同育人跨专业服务合作标准

面对协同主体不明确、协同内容形式化、协同进程冲突化等现状，结合国内外相关文献的梳理，我们认为，孤独症儿童融合教育协同育人的跨专业服务合作标准，主要体现在协同沟通、确定角色定位、避免冲突、建立循证本位实践、倡导协作文化等方面。

（1）协同沟通

具备必要的协作技能、有效的人际交往技能是非常重要的。孤独症儿童融合教育协同育人跨专业服务人员须具备跨专业服务能力，如人际交往技能等。及时告知个案干预措施的变化，建立有效的沟通渠道，定期召开会议，做到与个案相关的数据的共享，避免使用特定的专业术语等，这些都可视为协同沟通的具体标准。协作沟通是开展跨专业服务的基础，有利于营造平等、合作、尊重的氛围，助力合作交流、信息共享、主动沟通。

（2）确定角色定位

在孤独症的教育及康复过程中，教师、康复师等在工作上可能存在重

叠部分，这使得角色边界复杂，难以准确划分每个专业人员的职责。① 专业角色的歧义可能会导致专业团队之间的冲突和进一步划分的高风险，因为它可能造成工作量不均、个人责任混淆、职业倦怠。② 因此协作团队应根据个案的服务进程确定每个成员的角色定位，明确相应职责。其中"协调人"的角色尤为重要，负责监督协同育人进程，促进协同项目和成员之间的进展，并在需要时帮助解决冲突。各专业人员就治疗计划和干预目标做出协作决策，每个团队成员都明确自身学科的相关知识，并根据自己的优势和劣势在孤独症融合教育过程中做出贡献，并做到相互尊重。

（3）避免冲突

无效的专业合作会导致人际摩擦，如：敌意竞争、沟通中断、紧张的专业关系等，从而损害各从业人员的信誉，不良合作也可能对孤独症儿童的教育康复过程和干预结果产生负面影响。跨专业服务有利于每个孤独症儿童周边的利益相关者利用专业知识，进行更好的教育康复实践，但是合作实践中的冲突常常发生，因为相关角色可能有着不同的价值观、基本目标和干预方法，因此，有效地克服合作的障碍、避免合作冲突及提出相应的冲突解决方案非常重要。具体来说，协调人应安排相关会议，提出结束冲突的方案，并达成一致，做到重视冲突、及时解决、公开讨论、形成决策。

（4）坚持循证本位实践

孤独症儿童融合教育协同育人应坚持循证本位的教育实践，树立正确的教育干预观念，相应的教育或者干预方法应该有效、合理、可行，并在取得个案家长同意后收集相关数据，进行数据分析，以证明干预的有效性。尽管各个学科领域有其独特的干预理念与方法，协同育人团队应采取取得一致认同的干预措施，特别是采用综合性的干预方法，因此，团队应利用系统评价和元分析等资源，对特定干预措施的现有证据进行分析，以确定干预的有效性。③ 循证本位实践的合作标准保障了各学

---

① Strunk, J., Leisen, M. & Schubert, C. (2017). Using a multidisciplinary approach with children diagnosed with autism spectrum disorder [J]. *Journal of Interprofessional Education and Practice*, 8: 60-68.

② Folkman, A. K., Tveit, B. & Sverdrup, S. (2019). Leadership in interprofessional collaboration in health care [J]. *Journal of Multidisciplinary Healthcare*, 12: 97-107.

③ DiGennaro Reed, F. et al. (2018). Evidence-based interventions. In J. B. Leaf (Ed.), *Handbook of Social Skills and Autism Spectrum Disorder* [M]. Berlin: Springer International Publishing.

科在孤独症融合教育中的专业性,坚持用数据说话也是避免冲突的有效措施。

(5) 倡导协作文化

协作文化是通过开放的沟通渠道、共同的伙伴关系和相互依赖的团队成员来创建的,团队成员有着共同的道德准则和一致的目标。① 各团队成员应树立专业发展的意识,遵守职业道德规范和明确合作目标,凝聚多专业学科力量,形成一个有凝聚力和协作的团体,发挥各自优势的同时达成一致目标。跨专业服务的成员之间通过参与、对话和信息共享达成合作。

(三) 孤独症儿童融合教育协同育人学校主体实践策略

1. 组建跨专业服务团队,建立学校融合协同育人共同体

在孤独症儿童融合教育的跨专业服务中,普通学校具有桥梁和中枢的作用,是整体推进协同育人的重要载体。跨专业服务团队的组建,是普通学校融合教育管理职能的发展,以普通学校融合教育管理者为协调人的服务系统,一方面承接特殊教育指导中心下达的各类任务,另一方面负责学校融合教育工作的具体路径,了解服务个案的发展水平与教育需求,了解跨专业服务团队的基本内容。访谈中一个幼儿园资源教师陈述案例:"欣欣是某幼儿园新转来的大班幼儿,开学第一周班级老师就发现欣欣'不对劲',她经常一个人跑出教室,而且特别喜欢爬到高处,两个老师和保育员为此都精疲力竭,于是向我寻求帮助,我没办法,就自己进入班级陪读,一个月之后欣欣并没有很大的改变。"分析发现,本案例中存在角色模糊、不了解跨专业合作优势等问题,学校资源教师承担起康复师、行为矫正师或影子老师的工作,导致其工作量大,因为资源教师专业能力不足,所以不能起到提升孤独症儿童融合教育质量的作用。跨专业服务团队的组建需要根据个案需求,聘请来自医学、心理学等领域的专业人士,共建学校融合教育协同育人共同体,协同社会资源开展服务,普通学校融合教育团队应肯定自己在跨专业团队中的角色定位,认同专业之间的合作关系,具有寻求各类资源的能力及跨专业服务协调的能力。

---

① Cox, D. J. (2012). From interdisciplinary to integrated care of the child with autism: The essential role for a code of ethics [J]. *Journal of Autism and Developmental Disorders*, 42 (12), 2729-2738.

2. 明确跨专业服务职责，用好学校融合协同育人指挥棒

普通学校在中观乃至微观协同育人模型中承担着重要职能，是孤独症儿童融合教育协同育人的"内因"动力，明确跨专业服务职责，围绕个案服务发挥指挥棒的作用至关重要，总的来说，应在孤独症融合教育中履行课程开发、行为支持、转衔服务、教康融合等相关职责。我们在访谈过程中发现的一些跨专业服务成功的案例，普通学校均在各专业人员的协同中发挥了指挥棒的作用。例如，在筛查诊断的过程中，实现与医生等专业人员的跨专业协同；在教育安置的过程中，实现与区域特殊教育专家委员会成员的跨专业协同；在教育评估及个别化教育计划制订的过程中，实现巡回指导教师与校内融合教育团队及家长、学科教师之间的协同；在课程开发的过程中，实现资源教师、高校专业人员、巡回指导教师、学科教师的跨专业协同；在行为支持的过程中，实现资源教师、班主任、行为分析师及影子老师的跨专业协同；在幼小、小初等转衔工作中，实现与其他学校行政人员、巡回指导教师等的跨专业协同；在教康融合专业支持中，实现资源教师与特殊教育教师、康复治疗师的跨专业协同。协同育人团队能够根据孤独症儿童的发展水平整合，并进一步落实个别化教育计划，对提升跨专业服务团队的合作能力及相关人员的专业能力至关重要。

3. 避免跨专业合作冲突，发挥学校融合协同育人合作力

跨专业服务能够将个别专家的优势和能力结合，最大限度地提高对孤独症儿童干预的效果，传播所在学科的知识和教授技能，并发展伙伴关系，提高干预服务的质量。但是无效的合作可能导致不兼容的个案服务方案，对孤独症儿童产生不利甚至有害的影响。此外，治疗团队专业人员可能有不同的价值观、基本目标和方法，特别是在治疗方法的选择和成功评估方面。[1] 以调研中一个个案干预冲突事件为例：小杰是一名随班就读的孤独症儿童，进校之后，学校融合教育团队就为小杰制订了个别化教育计划；家长为了帮助小杰更好适应小学生活，还在政府资金项目的支持下聘请了专门的康复师。一学期之后，小杰进步很大。可是资源教师王老师偶然得知家长将这一切都归功于康复师，王老师很生气，在接下来的融合教育工作中，积极性就没那么高了。

分析案例可知，普通学校应发挥黏合剂的作用，在推进有效合作方面，应倡导专业人员相互理解、认可和欣赏彼此的贡献，避免参与的专业

---

[1] Cascio, C. J., et al. (2016). Toward an interdisciplinary approach to understanding sensory function in autism spectrum disorder. *Autism Research*, 9 (9): 920-925.

人员之间的脱节和冲突。跨专业团队的组建可以保障孤独症儿童得到专业化的服务,普通学校在其中发挥着重要的作用,保证服务过程能够分工明确、开展专业对话、提升专业认知,以此为途径建立稳定的合作关系,避免跨专业合作冲突,促成各主体之间的平等对话与资源共享。

四、特殊儿童家校协同融合课程的基本框架

特殊儿童家校融合课程坚持立德树人的价值观,以融合为目标导向,针对特殊生源变化、家长参与现状不容乐观及家校融合课程教材严重缺乏等现实问题,以特殊儿童为中心,编写五类融合教材,通过"家长互助发展链""家校合作共同体""社会支持同心圆",构建家校融合协同育人课程体系。借助学校培训中心、家庭康复阵地、社区活动基地,给特殊儿童提供合适的教育康复服务,给特殊家庭提供合适的专业培训和心理支持服务,打开家长的心门,切实提高特殊教育教学质量。

(一)问题的提出

融合教育是促进特殊儿童身心健康发展、推进教育公平的必然选择。融合教育应注重学校与家庭、教师与家长的合作,共同为学习者创造融合的环境。家庭教育、学校教育、社会教育是现代国民教育的三大组成部分。其中,家庭教育是基础。

特殊生源变化需要家长参与。近年来,特殊教育学校生源发生了很大的改变,由听障、轻度智障学生为主,发展为以中重度智障、听障、脑瘫、孤独症、言语障碍等各类特殊儿童混合的复杂群体,这些学生的教育康复从单一的课堂教学转变为医教结合的综合康复模式,显示了家长参与教育的必要性和重要性。随着融合教育的深度推进,跟班就读学生家长的参与也逐步进入研究者的视野。

家长参与现状影响教育质量。以江苏省常熟市为例,我们通过深度调研,了解家长参与的实际问题和迫切需要。调查显示,目前特殊儿童家长参与总体水平较低,家庭情况、家长认识对家长参与有较大影响,家长对各类教育活动的参与度不同,参与需求较为多样,特殊教育学校学生家长参与现状和期望明显高于普通学校跟班就读学生家长。要高度关注普通学校,特别是农村学校随班就读学生家长的参与。[1]

家校融合课程教材亟须开发。目前国内外尚未见特殊儿童家校融合课

---

[1] 孟春芳. 特殊儿童的家长参与:影响因素和改进策略——以江苏省常熟市为例[J]. 教育学术月刊,2019(12):49-56.

程教材，仅有零散的家长培训资料。随着融合教育的深度推进，特殊儿童家长亟须特殊教育知识培训，对专业教材的需求也越来越强烈。

面对以上现实问题，从融合教育的视角来思考特殊儿童家校融合课程的内涵特征和基本框架，已成为广大特殊教育工作者亟须研究的课题。

（二）特殊儿童家校融合内涵解析

家校融合具有重要意义。爱普斯坦交叠影响域理论认为，家庭、学校与社区在儿童成长过程中主动、密切合作，不但会促进儿童成长，而且对改善家校关系、提升家长育人水平、提升学校教学和管理效能等，都有积极作用。[1] 2017年，国务院修订的《中华人民共和国残疾人教育条例》指出：残疾儿童、少年的父母或者其他监护人应当尊重和保障残疾儿童、少年接受教育的权利，积极开展家庭教育，使残疾儿童、少年及时接受康复训练和教育，并协助、参与有关教育机构的教育教学活动，为残疾儿童、少年接受教育提供支持。2017年，教育部等七部门颁布的《第二期特殊教育提升计划（2017—2020年）》指出：充分发挥社会力量的作用，学校、家庭和社会相互配合。2020年教育部颁布的《关于加强残疾儿童少年义务教育阶段随班就读工作的指导意见》指出：强化家校共育。要与残疾学生家长保持联系与沟通，加强对家庭教育工作的指导，引导家长树立科学的育儿观，履行家庭教育主体责任。注重发挥康复、医学、特殊教育等专业人员和社区、社会相关团体的作用，形成学校、家庭、社会教育的合力，共同为残疾学生成长创造良好的教育环境。《全国家庭教育指导大纲》提出"家长主体"原则，家庭、学校、社会是促进儿童健康成长的共同体。家长要认识到家庭、学校、社会协同育人的重要意义，主动参与家庭、学校、社会协同教育。

特殊儿童家校融合的概念与内涵。家校合作是指家庭和学校这两个对学生最具影响的社会机构形成合力，对学生进行教育，使学校在教育学生时能得到更多来自家庭方面的支持，而家长在教育子女时也能得到更多的来自学校方面的指导。[2] 家长更多地参与到儿童的教育活动中，将更好地提高特殊儿童的发展水平，促进特殊儿童的心理发展。[3] 在特殊儿童早期干预领域，以家庭为中心的早期干预模式是一种公认有效的服务提供方

---

[1] 张俊，吴重涵，王梅雾，等. 面向实践的家校合作指导理论：交叠影响域理论综述[J]. 教育学术月刊，2019（5）：3-12.

[2] 马忠虎. 家校合作[M]. 北京：教育科学出版社，1995.

[3] 张贵军，阳泽，董佳琦. 融合教育背景下特殊儿童家长参与学校教育活动的困境及突破[J]. 绥化学院学报，2020，40（7）：17-20.

式，它对于促进儿童发展、减轻家长压力和改善家庭功能等都有积极影响。① 特殊儿童家校融合不仅鼓励家长参与教育，更希望以家庭为中心进行早期干预，家校之间通过沟通等方式，逐步从"无序惶恐"走向"有序协同"，最后形成以儿童为本的合作关系，是联结特殊儿童家庭与学校的一种家校深度合作模式。②

特殊儿童家校融合要整合优势资源，以促进特殊儿童全面发展为宗旨。在家庭、学校和社区的模式中，儿童应处于中心位置，且三者对促进儿童发展有着共同的目的和责任。以儿童发展为共同宗旨，建立一致的合作目标。以多向互动为沟通渠道，形成教育伙伴关系。以各方优势为聚合参考，构建融合教育形式。家长需要被持续地指导、培训和传达信息，以了解如何积极参与对儿童的教育。当前学校需要在政策和专业的支撑下出台本土专业技术规范，面向自身的真正需求，利用好家长资源，同时为家长提供指导和服务，扫除家长参与的阻碍。为很好地发挥家长参与的影响力，我们更应该关注家长共同体的建设。在家校结合的实践中，鼓励家长从单纯参与者转变为共同学习者，进而实现由"局外人"向"局内人"的角色转变。有效的家校结合需要家长扮演多元整合的参与角色。拓展家校融合内容，成为家长有效参与的重要途径。促进儿童全面、和谐发展，成为家校结合的出发点和落脚点。③

综上所述，特殊儿童家校融合具有重要意义。同时，也可以看出，家校融合，不但是家长参与教育、家庭早期干预，而且是以特殊儿童为中心，联结特殊儿童家庭与学校，通过整合优势资源，实现共同价值，是一种家校深度合作模式。

（三）特殊儿童家校融合特征分析

1. 特殊儿童家校融合坚持立德树人价值观

党的十九大报告强调落实立德树人根本任务。落实立德树人根本任务，既是新时代对家庭教育提出的要求，也是亟须解决的家庭教育实践问题。立德树人不仅是家庭教育的起点和归宿，也是家庭教育的应有之义和

---

① 刘金霞，苏慧. 国外家庭中心早期干预研究：基于要素分析［J］. 绥化学院学报，2019，39（4）：133-136.

② 王蒙蒙，张悦歆. 融合教育环境中家长参与特殊儿童幼小衔接的个案探索［J］. 基础教育，2020，17（1）：101-112.

③ 田澜，龚书静. "积极参与"：家校结合新样态：以西方教育中的家长参与转向为鉴［J］. 中国教育学刊，2017（1）：15-18，49.

重要内容。① 家庭是孩子的第一所学校，家长是孩子的第一任老师，家长的道德素养和行为方式时刻影响着孩子，家校共同参与是实现立德树人目标的关键。

特殊儿童家校融合坚持立德树人价值观，充分发挥家庭和学校这两种儿童成长过程中的重要资源，以亲子活动、社会实践等丰富多样的形式，寓立德树人教育于适宜的活动中。同时，正视特殊儿童身上的缺陷，关注特殊儿童认知水平、能力发展等的差异性，根据特殊儿童的实际情况提出适切的知行要求。

2. 融合是特殊儿童家长参与的目标导向

李术（2004）提出，家长参与不仅仅指家长在家庭生活中对子女的教育，只要是参与跟特殊儿童教育康复有关的活动，都是融合教育中的家长参与。② 融合教育的最终目标是帮助特殊儿童融入生活、回归社会。特殊儿童家长参与通过家校理念融合、资源融合、情感融合，最终帮助特殊儿童与社会融合。朱丽和郭朝红（2018）指出，学校或教师在理念上应认同家长参与的价值，为家长赋权增能，使之更好地参与家校互动，还要让更多的家长参与更高层次的学校教育。③ 对于这一目标导向的把握，有助于确立以融合为目标的特殊儿童家长参与理念。

特殊生源的变化、家长参与现状的不容乐观及家校融合课程教材的严重缺乏等，是广大特殊教育工作者亟须面对的现实问题。任何一项真正有价值的研究，都应当直面这些普遍而突出的问题。以融合为目标导向的特殊儿童家校融合课程，要以生为本，兼顾特殊教育学校和跟班就读学生家长，通过给特殊儿童提供恰当的教育康复服务，给特殊家庭提供恰当的专业培训和心理支持服务，打开家长的心门。基于这样的理念，特殊儿童家校融合课程应面向两个群体：特殊教育学校学生家长、跟班就读学生家长。课程内容应增设特殊教育专业知识、亲子课程培训等。只有对研究理论和目标导向的正确把握，才能形成本土化的理性认识，从而指导实践。

3. 特殊儿童家校融合表现为一种多维度的社会关系运行模式

首先，教师在特殊儿童家校融合过程中发挥着主导作用。作为家校融合的策划者、组织者和实施者，教师需要采用顶层架构、组建团队、问题

---

① 傅国亮. 中小学家庭教育立德树人的理论与实践探索［J］. 教育科学研究，2019（3）：94-96.

② 李术. 论全纳教育中的家长参与［J］. 中国特殊教育，2004（4）：7-10.

③ 朱丽，郭朝红. 上海市中小学家校关系的现状、问题与建议：基于上海市家庭教育示范校首轮评估的分析［J］. 上海教育科研，2018（11）：24-29.

导向、实证研究、协同推进等措施,构建特殊儿童家校融合课程框架,组织编写融合教材及开展家校融合活动,进行草根化的理论研究与实践探索,并反复验证、修改和完善。教师应帮助特殊儿童家长转变家庭教育理念,接受孩子的缺陷,并尽力帮助孩子克服障碍,通过教育教学、康复训练、沟通交往等,促进特殊儿童健康发展;为特殊儿童家长提供基本康复服务和教育服务,帮助其树立自信心、获得专业的特殊教育知识,引导其参与到正常的社会生活中;从特殊儿童家庭教育入手,引导家长采用合适的教养方式,树立立德树人的价值观,提高家庭教育的质量,从而提高特殊教育教学的质量。

其次,家长是特殊儿童家校融合过程中的重要资源,也是受益主体和合作主体。一是家庭成员是课程学习的情感资源。家长是极具潜力的课程资源之一,其专业知识、人生经历、个人修养等,都可以成为课程资源的一部分。特殊儿童的家长与孩子之间有着特别的情感,孩子对家长的依赖也多于正常儿童。家长对孩子的关心和爱护能帮助特殊儿童摆脱自卑、建立自信,家长的人文素养能在潜移默化中引导孩子汲取知识的养分,家长得体的言行举止能培养孩子良好的行为习惯。二是家中的物品是课程学习的物质资源。特殊儿童家中的物品,就是很好的学习载体。特殊儿童教育要紧密结合实际的家庭生活,在家庭中寻找相关的学习资源。三是家庭信息是课程学习的素材资源。不同的家长就职于不同的工作岗位,或多或少会将工作中的信息带到家庭中,给孩子的学习提供一定的素材。如:父母是交通警察的特殊儿童,对于交通法规相对比较熟悉。

最后,社会在特殊儿童家校融合过程中具有一定的支持作用。对于有特殊儿童的家庭来讲,他们不仅要面对特殊儿童身上的缺陷,还要面对康复、治疗带来的巨额经济负担及周围人的有色眼光。社会对特殊儿童的接纳和支持,一定程度上会影响到特殊儿童家庭的幸福指数。社会支持是指一定社会网络运用一定的物质和精神手段对社会弱势群体进行无偿帮助的行为的总和。有研究表明特殊儿童对家庭的影响力与其得到的社会支持有很大的关系。社会支持越大,特殊儿童对家庭的影响力越小,父母的压力相应也越小。[①] 因此,提供有效的社会支持,能促进特殊儿童家校深度融合。

---

① 彭兴蓬.融合教育的价值追求及社会支持系统的建立[J].教育研究与实验,2014(3):73-77.

(四) 特殊儿童家校融合课程的基本框架

1. 五类融合教材构成课程基本内容

家校是合作主体，育人是最终目标，家校融合实现的是功能互补、相互兼容，通过理念融合、资源融合、情感融合，从而形成教育合力。我们历经深度调研、理性探索、教材编写、应用推广四个阶段，编写五类融合教材，构建课程基本内容。一是深度调研阶段。我们参照爱普斯坦教授团队的研究和实践框架，以及以往的相关调查和研究，结合实际，进行了本土化的改编，组建了志愿者团队，通过问卷调查和家庭访谈两种形式，以常熟市 142 名特殊儿童家庭为样本，深入调研特殊教育学校学生家长和普通学校跟班就读学生家长参与教育的情况和迫切需要。调研中触目惊心的数据和令人心痛的现状让我们深感震撼。二是理性探索阶段。为将家长参与理性认识落实到实践操作中，我们以行动研究为主要方法，科学分析影响特殊儿童家长参与的相关因素，确立以融合为目标导向的特殊儿童家长参与理念，以特殊儿童发展为目标，构建家校融合课程基本框架。三是教材编写阶段。常熟市教育局、常熟市特殊教育指导中心联合常熟市教研室、常熟市残疾人联合会等部门，成立常熟市融合教育教学研究中心组，以智障、听障、脑瘫、视障、孤独症、言语障碍 6 个小组分类开展行动研究，分组编写五类融合教材：国家统编教材、专业培训教材、亲子活动教材、家庭康复教材、心理支持教材。2 套统编融合教材培智学校《生活语文》、聋校《道德与法治》由人民教育出版社出版，孟春芳老师作为核心编委，在架构课程框架时设置"家庭生活"单元及"家长评议""家长寄语"栏目，并负责这些内容的编写，将家长参与理念落地生根。12 册校本融合教材由一线教师编写，既有理论基础，又有实践经验，在反复打磨中不断完善。《特殊儿童教育手册》通过特殊儿童教育训练方法、家庭教育建议等，帮助家长了解孩子的特点并掌握相关的融合教育方法。《我爱常熟》选取常熟市生活地理、历史文化知识，通过亲子活动帮助特殊儿童了解乡土知识。《康复训练》《送教上门》通过案例研究，助力家庭康复训练。《家延益行》通过家长互助项目，调适特殊儿童家长的心理，并给予情感支持。四是应用推广阶段。自 2017 年起，统编教材经国家教材委员会专家委员会审定为全国通用教材，进行试教并在全国推广使用。家长专业培训、亲子活动、家庭康复、心理支持教材先在常熟市特殊教育学校试用，后逐步推广至全市普通学校随班就读学生家长使用。

2. 构建家校融合协同育人课程体系

家校协同育人实现的是目标同向、资源同聚、成果同享。特殊儿童家校融合课程以特殊儿童为中心,通过"家长互助发展链""家校合作共同体""社会支持同心圆",建立学校培训中心、家庭康复阵地、社区活动基地,构建家校融合协同育人课程体系,开展家校融合活动,提升家校融合专业能力,从而切实提高特殊教育教学质量。

首先,我们联合社会机构举办"家延益行——特殊儿童家长互助计划项目",积极构建"家长互助发展链"。通过一系列心理调适和情感支持课程(每月1次),提升特殊儿童家长的心理调节能力和问题解决能力,组建家长互助网络,为其提供及时的支持,引导他们尽早走出"否认、自责"的阶段,进入接纳期。只有这样,教师和特殊儿童家长才有可能在沟通时达成一致,建立信任,在出现问题时采取合作式策略有效解决问题,进而建立起合作伙伴关系。

其次,我们积极组建家校合作共同体,通过自上而下、层次分明的家校合作组织体系,培养家长专业技能。一是建立学校培训中心,借助融合教材《特殊儿童教育手册》,开设智障、听障、视障、脑瘫、孤独症、言语障碍家长专业培训课程,并通过统编教材、个别化教育计划,引导家长参与学科教学、学生发展性评估,签订家校合作协议,设立家长陪读教室。二是建立家庭康复阵地,借助融合教材《康复训练》《送教上门》,利用信息化技术,为家长提供专业资源,开设医教结合、送教上门家庭康复课程,将教育康复知识送入家庭。三是建立社区活动基地,借助融合教材《我爱常熟》,开设亲子活动、社会实践课程,并通过"常熟市特殊儿童家长学校"、《常熟特殊教育》小报,将培训惠及面从特殊教育学校延伸到全市所有学校。家校双方在家校合作中的专业能力,是决定双方沟通效能的一个重要因素。

最后,提供有效的社会支持,能缓解特殊儿童家庭压力,提高特殊儿童家庭教育质量。我们以特殊儿童家庭为圆心,搭建社会支持同心圆,让关心无处不在。积极给予特殊儿童家庭各种社会支持,从单纯的爱心支持逐步转变,形成政府部门融合教育政策支持、教育部门特殊教育专业服务支持、残联系统教育康复经费支持、社会公益系统助学帮扶支持等多部门协作的支持体系。

3. 形成特殊儿童家校融合实践路径

从零散自主式家长学校培训,逐步形成家校融合系列专业培训;从家长参与课堂教学,延伸到家庭康复训练;从家长参与校内活动,延伸到校外亲子课程;从培训特殊教育学校家长,逐步推广至全市普通学校随班就读学生家长;从学校支持特殊儿童家庭,逐步推广至残联等社会各界的合力支持。我们总结经验，逐步形成区域推进特殊儿童家校融合有效经验和实践路径：构建"家长互助发展链"，建立家长教育自信，组建家校合作共同体，培养家长专业技能，搭建社会支持同心圆，让家庭感受人性关怀。

（五）特殊儿童家校融合课程的成效与意义

1. 构建家校融合协同育人课程体系，具有创新性

协同是工作重心，育人是最终目标。通过"家长互助发展链""家校合作共同体""社会支持同心圆"，建立学校培训中心、家庭康复阵地、社区活动基地，开设专业培训、亲子活动、家庭康复、心理支持等课程，以提升家长专业技能为抓手，构建家校融合协同育人课程体系，合力提升教育教学质量，具有创新性。

2. 从关注特殊儿童家长参与行为到关注家长心理，具有人文性

特殊儿童家长巨大的心理压力导致焦虑水平攀升，在影响身心健康的同时，对孩子的康复与成长也会产生一定的负面影响。通过"家长互助发展链"，给予特殊儿童家长人性关怀，缓解家长心理压力，为特殊儿童创造和谐的家庭环境，从而提高家庭教育质量，不仅是人性关怀，更是民生关注。

3. 形成特殊儿童家校融合优秀成果，具有推广性

研究成果《特殊儿童的家长参与：影响因素和改进策略》于2020年5月被评为苏州市优秀德育成果，研究成果《特殊儿童家校融合课程的开发与实践》于2020年12月被评为苏州市教育教学成果奖（基础教育实践类）二等奖。课题组成员发表省级以上课题论文14篇，受邀赴省内外授课、讲座30多次，足迹遍布四川、南京等地。组织家长培训近30场，2套统编融合教材在全国发行并获得了好评，12册校本融合教材在省内外推广，深受欢迎。孟春芳老师于2018年、2019年两次受邀参加中国教育学会学术年会，在大会推广融合教育的同时，通过故事的形式分享特殊儿童家校融合的成果，得到教育部李天顺司长的高度评价。五类融合教材得到江苏省残疾人联合会万力理事长等的赞誉。江苏省特殊教育专业委员会丁勇理事长在赞誉常熟市获得的融合教育成果的同时，对关注并推进特殊儿童家校融合课程给予了肯定与指导，勉励课题组成员扎根实际、创新发展，继续编写融合教材，造福特殊儿童。

4. 在多维度的社会关系运行模式中师生共同成长，具有研究性

家长维度：一是树立了特殊儿童家长自信，激发了家长参与教育的积极性；二是提升了特殊儿童家长的专业素养；三是形成了全情接纳的良好

社会氛围和多部门协作的社会支持体系,家长感受到人性关怀。学校维度:一是家长积极参与教育,提高教育教学质量;二是以科研为引领,规划教师职业生涯,促进教师队伍专业发展;三是形成家校融合、协同育人课程体系,可推广,可复制,推动全市普通学校共同参与,提升学校的社会声誉。教师维度:一是通过编写教材提升教师专业素养;二是通过家校融合课程增进家校合作效能,增进教师与家长的感情;三是打开教师专业成长空间,课题组核心成员成长为苏州市教育拔尖人才、常熟市学科带头人等,团队市级以上骨干教师比例逐步提升。学生维度:一是改善亲子关系,让学生感受到家庭的和谐与温暖;二是学校教育与家庭训练的有效衔接,让学生得到更好的教育与康复训练;三是激发学生自信,让学生的能力得到充分发展,帮助他们顺利融入生活、走向社会。研究惠及特殊儿童与家长近2 000人,涌现出一批优秀学生,如:一名听障生被评为全国优秀少先队员;多名听障生考入南京特殊教育师范学院等,圆了大学梦;一名听障生顺利康复,转入了普通小学就读;一名智障生从不会说话到会唱歌;一名脑瘫生从不会走路到参加运动会;等等。

特殊儿童家校融合课程的开发和实践,能够联结学校与特殊儿童家庭,拓宽更多的发展渠道,整合更多的优势资源,搭建更多的融合平台,为特殊儿童的健康发展提供更加有力的保障。

五、依托社会交往关键能力课程的个案教学协同指导模式

苏州市巡回指导教师主要依托全国教育科学"十三五"规划教育部重点课题"自闭症儿童学前融合教育区域性支持保障体系建设研究"和江苏省教育科学"十三五"规划重点资助课题"苏州市自闭症儿童学前融合教育的支持保障体系建设研究"两个课题发展形成。在政策上,苏州市发布了《关于印发〈巡回指导教师工作职责(试行)〉的通知》。苏州市巡回指导教师从筛查评估、个案管理、教学指导、教育咨询和资源教室管理五个方面开展工作。

1. 筛查评估

(1)起始阶段筛查评估

各区特殊教育指导中心使用《苏州市特殊需要学生健康档案调查表》和《特殊需要学生初筛评估表》。专项评估分别为孤独症谱系障碍评估、智力障碍评估、发育迟缓评估、语言发育迟缓、听力障碍评估和注意力缺陷多动症评估。每个个案需要2~3小时的评估时间,评估内容包括《孤独症儿童评估发展量表》《特殊需要儿童能力发展评估表(家长)》《适

应行为评定量表（6—18 岁）》《瑞文标准推理测验》《瑞文高级推理测验》《儿童及青少年行为调查量表》《基本信息表》《家长访谈表》；评估形式如下：先以电子邮件的形式发给每位家长，然后以档案文件形式转交给各个学校归档，最后市特殊教育指导中心留一份备案。

（2）非起始阶段筛查评估

筛查方式采取进班观察和班主任座谈会形式，教育评估内容与起始阶段评估内容基本相同。评估完，家长签订《家长知情书》。

2. 个案管理

以不同形式支持特需个案，个案障碍类别包括孤独症障碍、注意力缺陷障碍、超常儿童、情绪障碍、智力障碍、学习障碍、脑瘫等障碍类别。支持形式包括个训、小组、集体、观察、评估、咨询和个别化教育计划制订等形式。通过《巡回指导学生基本情况表》《课程表》《资源教室记录表》了解孩子的特殊教育支持安排。

3. 教学指导

（1）教育评估

每年需要对特需儿童进行 2 次教育评估。幼儿园阶段，使用《特殊教育需要儿童能力发展评估表（家长）》《一日常规评估（教师）》《儿童兴趣调查表》《家长访谈表》《ICF 语言功能评估》等；小学阶段，使用《问题行为量表》《适应行为量表》《儿童及青少年行为调查量表》《适应行为评定量表（6—18 岁）》；初中阶段，使用《儿童及青少年行为调查量表》《适应行为评定量表（6—18 岁）》。

（2）个别化教育计划会议的开展

每个个案一年一次进行个别化教育计划会议，制订符合每个孩子的个别计划，采取期末个别化卷子、口试等考核方式。

（3）教师指导

每月月底对特需儿童的融合教育教师进行听课并指导。在资源教师的指导方面，尽量保证对每个个案听一次课。在听课中，对融合教育教师和资源教师进行教学指导。

（4）个案指导

对个案采取两种教学方式（集体教学和个别教学），并对个案进行观察和记录。采取一种小组模式，即 1∶3 模式，1 位特需儿童，3 位普通儿童。

4. 教育咨询

（1）学校行政咨询

咨询内容包括资源教室的建设咨询、个案管理咨询和亲师教育咨询等。

（2）教师咨询

教师咨询包括融合教育教师、普通教师和资源教师咨询。咨询内容包括个案的学习特征和心理特征咨询、个案在班级环境设置咨询、个案问题行为的处理咨询、帮助教师鉴定特需儿童咨询等。

（3）家长咨询

固定巡回点。利用《家园联系单》布置作业，让家长加强对特需学生的训练，教授家长干预儿童情绪行为的做法和一些生活方面的自理知识，帮助特需学生学会自理，提高特需学生各方面的能力；不固定巡回点。巡回指导其他的特需儿童（幼儿园至初中）接受教育咨询，告知融合教育教师和资源教育教师矫治儿童问题行为的方法。

5. 资源教室管理

每个资源教室包括特殊教育支持服务流程、资源教室管理制度、每学期融合教育资源中心的计划、资源教师团队上墙、每个孩子的课程表、每周计划。还有各个功能区，比如，家长咨询区、教师办公区、学生学习区、学生娱乐区等。

六、不同阶段特需儿童融合教育课题研究工作

（一）学前融合教育研究工作：社会交往关键能力课程

0—6岁是儿童发展的关键期，对于有发展危险的高危儿童，以及已经确认有发育障碍或残疾的特殊儿童则更为关键。尽早开展个别化的、符合他们身心需要的早期干预，可以促进儿童康复，从而获得最优发展。这几年来，融合教育在中国的呼声越来越高，许多教育专家都在结合我国国情研究和实践着。0—6岁是普通儿童发展的关键期，更是特需儿童发展的黄金时段。

尽管跟普通儿童相比，特需儿童确实存在语言、行为、学习、人际等各方面的差异，但是特需儿童也享有接受教育的合法权益。学前融合教育就是把0—6岁的特殊儿童安置在普通儿童班接受教育。对于特需儿童来说，如果经常辗转于医院、康复机构，而远离普通学校中的班集体和同龄儿童，是不利于其真正融入社会生活的。所以，我们应该让特需儿童在合适的条件下，更多地进入普通学校，参加融合教育。在这样的环境中，特需儿童可以获得更多的人际交往机会，推动其社会交往能力的发展。

因此，我们基于社会交往的关键能力，以同伴小组为切入口，设计了本套课程。课程旨在提高特需儿童的社会交往能力，促进其他儿童对特需

儿童的接纳和关爱，提高融合教师的观察分析能力和科研能力。希望为各类融合教育学校提供参考。

在各类学校实施本套课程前，教师认真阅读以下部分，将有助于教师准确地把握本套课程的理念和策略，提高教学活动实施的有效性。

1. 课程理念

（1）关于儿童

① 特需儿童遵循普遍的发展规律。特需儿童虽然在交往和语言表达上存在障碍，但是他的生理、认知、社会性等发展，仍需要遵循普遍的儿童发展规律，不能跳跃式发展。我们在指导特需儿童的时候，不能脱离特需儿童的发展规律，要仔细观察和评估，确定其发展阶段，细化目标，循序渐进地去帮助特需儿童。

② 特需儿童的发展具有个体性。特需儿童的障碍程度、功能水平、成长背景等方面都不相同，其发展水平具有极大的差异。我们要评估其发展水平，有针对性地开展教育。我们的初衷是建立一套模板化的课程，教师在使用时，要按照特需儿童的能力和发展需要，在课程中选择合适的教学活动。

③ 选择合适的同伴儿童。同伴儿童的认知发展能力应该与特需儿童相似，在同一个年龄发展水平内。如特需儿童身体年龄为6岁，但是认知水平在4岁左右，教师就为他选择4岁的儿童作为同伴。同伴需要情绪稳定、自制力强，有爱心和智慧，如有领导力则更佳。由于以往的特需儿童同伴介入研究多选择1~4名支持者，并且所有的同伴介入的研究结果都是积极的，特别对于特需儿童的社会交往能力会有所改善。因而，结合本课程的内容，我们建议为特需儿童选择3名同伴，其中1名跨年级或跨班儿童，2名同伴儿童。同伴儿童应尽量来源于特需儿童所在的融合班级，定期轮换。

（2）关于教师

① 教师要建立健康、全面的儿童观，不要把特需儿童区别于普通儿童。儿童不是一个标准模式的，会存在不同的发展差异，由此形成各自的独特性。特需儿童就是普通儿童之一，只是存在某些方面的障碍，因此产生了这一教育需求。教师工作就是满足不同儿童不同的教育需求。

② 教师首先是观察者，然后是引导者、支持者、合作者。教师要善于观察，捕捉特需儿童的表情、行为等信息，敏感地察觉他们的需要、兴趣和发展机会，并给予适当的反馈。

③ 配备一名助理教师。助理教师是这个小组课的重要成员，他可以

辅助支教教师完成一些教学环节。他也是特需儿童的影子老师,当特需儿童不能完成小组学习任务时,助理教师可以从旁引导。因此,助理教师必须十分熟悉特需儿童,具有敏锐的观察能力和反应能力,有爱心和耐心。

(3) 关于环境

① 和谐的心理环境。在课程进行中,教师要为儿童营造安定、宽松的氛围,让特需儿童和同伴儿童在其中感到温暖、安全、有序。儿童之间、儿童和教师之间平等对话,相互尊重。如果儿童能在教学活动中,形成互助、友爱、相互接纳的小团体,那就更有利于特需儿童社会交往能力的提升。

② 简洁的物理环境。特需儿童在活动中,较普通儿童而言,注意力更无法持续地集中。因此,本套课程实施地点一般在资源区角或资源教室。资源区角或资源教室要尽量满足以下条件:a. 面积约 15 平方米,适合 4 个儿童活动即可;b. 不需要特别装饰,不放与活动无关的物品;c. 摄像头等电子产品要隐蔽放置,减少对特需儿童的影响;d. 特需儿童的座位安排在同伴儿童中间,偏后方(图 3-9)。让特需儿童视线的范围内有同伴儿童,以利于其模仿和学习同伴儿童。

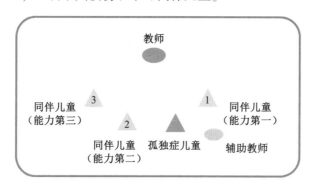

图 3-9 座位图

2. 课程特点

(1) 基于社会交往关键能力

广义的社会交往是指社会成员之间交换物质、信息的行为和过程,是人类基本生活形式之一,是社会关系的形成基础和动态表现。狭义的社会交往,仅指上流社会社交界的活动或私人往来,简称"社交"。本课程关注的社会交往关键能力,就是在社会成员之间交换物质、信息的过程中所需要的基本品质。如会执行指令、表达情绪等。这些社会交往关键能力是特需儿童与他人进行互动的基础能力。因而本课程以培养特需儿童的社会交往关键能力为目的。

（2）以同伴小组为切入口

为了让特需儿童获得交往的关键能力，课程中不能缺少同伴。同伴可以给特需儿童提供模仿、参照的对象等。很多研究表明，儿童向儿童学习的效果，远远高于儿童向成人学习的效果。同时在小组活动中，特需儿童能够与几个相对熟悉的同伴一起活动，他们的情绪会更加稳定。从教师的角度来说，小组活动可以避免特需儿童和教师一对一模式的枯燥感。教师可以采用分组、轮流等多样的组织形式。相对于集体教学活动，教师可以更细致地观察特需儿童和同伴儿童，对其表现及时做出科学的指导和反馈。

（3）及时评估学习效果

学习效果评估可以帮助教师回顾和反思儿童在教学活动中的表现，了解儿童在教学活动中有哪些进步和不足，以便有的放矢地组织下一次教学活动。在本课程中，我们设置了课程评估表，对特需儿童的每个教学活动测评一次，测评的项目十分详细。而同伴儿童对社会交往技能的习得相对于特需儿童会快一些、容易一些，所以每个主题活动结束后安排一次测评。我们认为，虽然本课程主要服务对象是特需儿童，但是对同伴儿童来说，在这样的小组活动中，他们不单单是特需儿童的陪同者，也是一个学习者。他们的社会交往能力也能获得提升，这是一个相互促进的过程。因而，我们共设置了两套评估表。

（4）以绘本辅助教学

图像、卡片等能促进特需儿童与外界进行信息交流。因而，我们为本课程的12个主题活动都配置了一本社会交往绘本，让绘本成为教师与儿童沟通的桥梁。绘本的使用次数有3次：主题活动前、主题活动中、主题活动后。主题活动前，阅读绘本，可以唤醒前期经验，为主题活动的开展做铺垫。绘本可以作为教具或者学具，在主题活动的开展过程中使用。绘本也可以作为活动的延伸，在主题活动后使用，以丰富儿童的交往体验。

（5）兼具趣味性

本课程为了避免枯燥、刻板的重复练习，从儿童的兴趣和需要出发，设计了各种形式的有趣活动，例如，音乐游戏、体育游戏、益智游戏等。让儿童在富有童趣的活动中，保持学习的积极性和主动性；让儿童愉快地习得有益于其成长的社会交往能力。

3. 课程内容

本课程包含与社会交往关键能力相关的 12 个主题及主题配套绘本（表 3-8）。

表 3-8　学前融合教育课程

主题	绘本	小组教学活动
第一主题： 小眼睛看过来	《小眼睛看过来》	1.1　看物体
		1.2　看黑板
		1.3　看老师
第二主题： 请你跟我这样做	《我的幼儿园生活》	2.1　我会听指令
		2.2　我会听两步指令
		2.3　我会听三步指令
		2.4　我是小小兵
第三主题： 我的名字	《开学第一天》	3.1　小鸡游玩记
		3.2　我的名字
		3.3　指一指、说一说：他是谁？
		3.4　说说他是谁
第四主题： 这是谁的呀？	《你的，我的，他的》	4.1　哪个是我的？
		4.2　这是我的XX
		4.3　小小快递员
		4.4　金手指点点点
第五主题： 我喜欢	《我喜欢……》	5.1　我喜欢，我讨厌
		5.2　我要，我不要
		5.3　我会选择
		5.4　我会挑选
第六主题： 我是男孩 or 女孩	《男孩和女孩的秘密》	6.1　认识自己的性别
		6.2　能仿说他人的性别
		6.3　认识同伴的性别
		6.4　认识家人的性别

续表

主题	绘本	小组教学活动
第七主题： 介绍我自己	《这就是我呀》	7.1 介绍我的名字和性别 7.2 介绍我的调查表 7.3 介绍我的喜好 7.4 我会自我介绍
第八主题： 我很高兴！	《高兴，不高兴?》	8.1 认识高兴和不高兴 8.2 辨别高兴和不高兴的表情 8.3 他很高兴 8.4 我会高兴或不高兴
第九主题： 她很难过	《坏情绪飞走了》	9.1 我高兴，我难过 9.2 你高兴，你难过 9.3 小丸子真高兴呀 9.4 小丸子好难过呀
第十主题： 我害怕……	《我们会害怕!》	10.1 我害怕 10.2 我会说"我害怕" 10.3 我为什么害怕 10.4 他会高兴/难过/害怕
第十一主题： 他生气了？	《当我生气了》	11.1 我生气 11.2 我会说"我生气" 11.3 我会说"他生气了" 11.4 我们会高兴/难过/害怕/生气
第十二主题： 我会忍耐	《我会等待》	12.1 耐心等待 12.2 轮流玩，更快乐 12.3 击鼓传花 12.4 圆的魔术

每个主题的具体内容包括以下 4 个方面：

(1) 主题介绍

主要介绍本主题的核心经验，概括主题活动形式，帮助教师快速理解主题内容。

（2）主题目标

在核心经验下，我们将其分解为若干个教学目标。教师需要有明确的目标意识，结合特需儿童和陪伴儿童的发展特点和需要，灵活地加以落实。

（3）主要活动安排

以表格形式展现本主题目标引领下涉及的教学活动和绘本资源。

（4）活动设计及孤独症幼儿活动评价

为实现主题目标，每个主题设计了 3~4 个活动，每个活动建议实施 10~15 分钟。主题中，活动的难度是逐步提升的，教师可根据特需儿童的社会交往能力灵活选用合适的活动。每个活动实施后，教师结合孤独症幼儿活动评价表，对其行为表现、情绪反应和教学效果进行测评。测评表格为三星评分，★代表在身体辅助下完成，★★代表在语言提示下完成，★★★代表独立完成。"我会听指令"孤独症幼儿课程评价见表 3-9。

表 3-9　"我会听指令"孤独症幼儿课程评价表

目标	★	★★	★★★	备注
1. 能在较短的时间内看着教师				
2. 能模仿教师，做出简单的动作				
3. 能听从一个步骤的指令，做出动作				
4. 能说出所做的指令名称				
5. 能看懂绘本图片所表达的指令				
6. 能执行绘本图片的指令				
7. 愿意接受教师或者同伴的帮助				
8. 愿意整理玩具				

① 同伴儿童活动评价。

陪伴儿童在主题实施后，对其行为表现、情绪反应和教学效果测评一次。测评表格为五级评分：1 代表"从不"，2 代表"很少"，3 代表"有时"，4 代表"经常"，5 代表"总是"。"请你跟我这样做"同伴幼儿课程评价见表 3-10。

表 3-10　"请你跟我这样做"同伴幼儿课程评价表

目标	1	2	3	4	5	备注
1. 能模仿老师、同伴，做出相应的动作						
2. 能听从一个步骤的指令，做出动作						
3. 能说出所做的动作名称						
4. 能听从有先后顺序两个步骤的指令，做出动作						
5. 能依照先后顺序，说出所完成的两个步骤的指令名称						
6. 听从有先后顺序三个步骤的指令，做出动作						
7. 不经提醒，能去观察同伴的行为，说出同伴在做什么						
8. 愿意当指令员或者第一密码员，与其他幼儿愉快地做游戏						
9. 当其他幼儿不能完成任务时，会主动用动作或者语言提示						
10. 乐意参与运动游戏，有一定的走、跑、跳、投掷、平衡能力						
11. 能看懂绘本中表达的活动指令						
12. 会把玩具放回到原来的地方						

② 绘本使用建议。

每个主题配置了一本相关绘本，可结合活动灵活运用。我们会提出相关的使用建议，以供教师参考。

（二）小学融合教育研究工作：典型障碍儿童教育教学经验

1. 孤独症谱系儿童：影子老师+社会交往关键能力

个案分享：小新是苏州市的一名小学生，他是一位高功能孤独症并患对立违抗行为的学生。他在学校经常出现攻击同学和老师的行为，拒绝与老师交流，只能在学校待半天。该校向苏州市特殊教育指导中心反映情况后，苏州市特殊教育指导中心巡回指导教师去做支持服务。巡回指导教师首先通过该生的班主任了解了该生在班级的情况。其次，巡回指导教师对家长也进行了访谈，初步了解孩子的发育史及在家里面的情况。通过观察评估和访谈结果，巡回指导教师提出了相应的支持服务。其中一种支持服务是建议家长找一名影子老师，让影子老师在课间和课上对其行为进行引导。现在孩子已经可以在学校上整天的课，而且在课堂上能遵守纪律，学业成绩处于中上游。

2. 智力障碍儿童："语文+数学"在资源教室上课，其他课在班级上

个案分享：小仓是一位患有智力障碍的学生，就读于某普通小学。在评估过程中，我们发现他的适应能力不错，能够与同学简单地交往。因此，对他的安置方式是语文课和数学课在资源教室上，其他课在班级上。以下是他某一个学期语文和数学需要达到的学习目标。语文：学习完部编教材《语文》第一册的第四、五、六、七单元的文化知识，认识"了、子、人、大"等60个汉字。能读准字音，认清字形，在田字格里正确书写生字，准确、流利地朗读课文，感受学习汉字的乐趣。数学：学习人教版《生活数学》一年级上册第一、二、三单元。会数、认、读、写数字1；认识和判断"有、没有"；会比较"1和多"；了解球体的特点；会比较两个物品的大小；认识数字2，理解数字2的含义；正确认识和判断"有、没有"；在两堆同类物品中，通过观察比较多少；通过对比的方法，比较两个同类物品的大小；通过一一对应的方法，比较物品的多少；会数、认、读、写数字3；用一一对应的方法比较物品的数量；理解白天和黑夜两个时间概念。

3. 阿斯伯格：社会契约、社会交往关键能力

个案分享：某所学校有两个阿斯伯格的学生。A学生，六年级，脾气比较暴躁，但受挫能力较强。B学生，三年级，受挫能力较弱，遇到挫折会哭，但他大部分时候性格比较温和。两位儿童的智商均在140分左右。老师的安置方式如下：让他们成为一个学习组。A学生善于下象棋，B学生善于下围棋。老师上课时，会把一节课分成两部分，一部分象棋时间，一部分围棋时间。前期上课时，A学生觉得B学生下象棋的水平不行，有点讨厌B学生；老师就让他们一起下一局围棋，最后B学生赢了A学生。此后A学生逐渐学会了谦让，学会了包容。B学生也逐渐减少了哭的频率。他们在游戏的过程中，逐渐发现了对方的优点，并学习对方的优点。A学生目前已上初中，在最近的期中考试中考了年级第一；B学生已与另外一位同伴组成了一个学习小组，目前暂无哭的行为出现。

4. 学习障碍：考试方式、输入方式，其他优势

个案分享：小蒙，就读于某普通小学，是一位轻度阅读障碍患者。他

的记忆力比较好，可以很好地复述听到的内容，但是看到考卷上的字，就会出现打自己的行为；根据这个现象，老师改变了考试内容的呈现方式：每张纸只呈现一道题目，降低字与字之间的密集度。之后他再也没有出现打自己的行为了。

5. 发育迟缓：强化训练，亮点拓展

个案分享：小明，就读于某普通小学。发音不清楚，与老师交流困难；短时记忆差，注意力分散，无法听懂老师的指令，出现自卑的心理等，但个案有眼神交流和互动。接下来老师进班对其进行指导，在指导过程中，发现他画在纸上的画只是一些凌乱的线条，有时还会将线条画出纸外，没有任何的界面感。绘画时选用的蜡笔的颜色常常为黑色、咖啡色。而且他一旦小手拿起画笔，就不愿意停下来。因此，我们以绘画为切入点提高他的整体认知能力。同时，我们对家长做技术支持。后来他的绘画内容越来越丰富：多层的汽车、百变的鲨鱼、变装的公主等；性格也变得越来越活泼，整体认知水平和同龄人差不多。现成绩中等。

6. 注意力缺陷，多动症

个案分享：小平，就读于某普通小学。智商 140 分，注意力有缺陷，注意力集中不超过 1 分钟。融合教育老师与巡回指导教师每次根据他的表现情况商定支持方式。他的支持方式包括言语提示、强化物奖励、在其考卷的每道题前加上标注、阅读辅助高亮条阅读器，还有家长的配合。现在他的成绩处于中上游。

(三) 初中融合教育研究工作：基础认知+心理咨询+青春期教育+职业规划

1. 基础认知

认识：例如，生，组词"生命"，例句"妈妈给了我生命，我们要珍惜生命"。生机勃勃，什么季节生机勃勃啊？春天，小树发芽，小草冒出来，一片生机勃勃。室，组词"卧室"。

阅读理解训练：以说明文和记叙文为主。① 说明文。如：某一种技术，某一种气候，等等。起先，让学生阅读一段说明文（100~300 字），要求学生找到时间、地点等主要信息。当学生熟练掌握后，用同样难度的文章让学生提取主要内容（可以直接将提取到的信息串联起来）；随后逐渐增加问题的难度，找两段话的说明文，要求学生分段提取信息，然后概括内容；在学生读完整篇文章后，老师根据文章内容进行提问（学生可以直接从文章中找到答案）。② 记叙文。根据记叙文特点，学生找出相关人物、地点、情节、环境（老师提问，学生根据内容回答，可以做一些提示,比如,在第几段,有几个人,在哪里等);通过提取文章信息,训练学生寻找关键信息、排除干扰信息的能力。

2. 心理咨询+青春期教育

在与初中特需学生的沟通训练中,最先要做的是建立良好的信任关系。在与特需学生见面之前,需要与其班主任、家长提前沟通,了解特需学生的现状及特点。我们目前从以下几个方面支持初中特需学生。

① 认识自己,接纳自己。a. 班主任可以利用班会课带领学生分析自身的优缺点。b. 家长利用家庭会议时间,要求家庭中的每个成员写下自己的优缺点。c. 量化、细化优缺点(尤其对于特需孩子)。如:你要正确看待自己,勇于承认自己的不足。d. 通过绘本、视频教学心智偏小儿童。如:不一样也没关系,不是第一名也没关系。e. 和学生逐步深聊,分析学生心理出现害怕及自己不接受自己的原因。如:被同学欺负,被同学排斥,被老师训斥,被家长责备等。

② 遵守日常行为准则。a. 不搞破坏(不扰乱他人)的学生在校园中更受欢迎。b. 懂得基本的行为规范,如上课不干扰课堂,不乱摸他人的东西。

③ 注意生理卫生。a. 男生,勤理发,勤洗澡,勤换衣,勤换鞋,勤刷牙;b. 女生,衣着整洁,头发收拾得利落;生理期注意裤子的整洁,勤换卫生巾。

④ 对他人的帮助给予回馈。普通同学给予特需同学帮助,如送回家,带领去食堂,教功课等,给予普通同学一定的物质回赠,如每人一颗糖果,同时普通学生给予特需儿童精神回馈,每人送特需孩子一个祝福;特需学生要有"没有人愿意一直无私帮助自己"的意识,他们初中毕业后很有可能直接进入社会,当脱离学校环境后,要先学会在社会中的生存技能。

⑤ 确定男女生交往界限。一部分特需男生会对女孩子、女老师特别热情,如求拥抱等,但普通学生会认为动机不纯。这样的特需男生易受到他人的排斥,也很难避免自己受到伤害。所以要重视与男孩子交往的界限,如用握手代替拥抱等。

3. 职业规划

职业规划可按以下三种情况开展。

第一种情况:如果是智力障碍、听力障碍(成绩跟得上除外)、典型孤独症等问题的特需学生,我们一般建议转到特殊教育学校职高部就读。

第二种情况:如果是学习障碍特需学生,我们建议改变其考试方式,使其能够进入普通职业高中或者普通高中。

第三种情况：如果智力处于 70~90 分，我们会研究各职业高中，分析其需求，与家长一起补齐其不足之处，让其能够考上心仪的职业高中。

结束语

本章第一节主要介绍了融合教育协同指导的理论、背景和现状，融合教育协同指导模式的构建基于融合教育的学术基础，也结合了协同理论的框架，此模式旨在解决目前融合教育巡回指导过程当中面临的问题，结合苏州市融合教育发展的背景与巡回指导教师队伍建设的基础进行分析，最后结合苏州市A、B、C、D四区的现状调查，分析融合教育的协同现状。第二节主要就融合教育协同指导联盟的成立及融合教育协同指导联盟的工作方案进行解读，旨在通过联盟活动、协同指导、协同调研、业务指导、教研成果推广等途径，充分发挥联盟成员的专业引领作用。第三节通过医教康协同指导、孤独症融合教育协同指导、家校融合协同指导、个案教学协同指导的实践情况展开分析，进一步明确融合教育协同指导的重要性和现实意义。

第四章

融合教育协同指导案例

案例一　融合如影随形

苏州市相城区特殊教育学校　刘珊珊

一、案例背景

田田（女），孤独症患者，年龄7岁，就读大班，有独立行走、跑、跳等基本大动作的能力，会攀岩、游泳等，喜欢户外运动。生活上能进行简单的自理（拿瓶子喝水，握勺子进食，但不会独立进行大小便等），能理解简单的日常用语，语言表达则主要以"爸爸""呀呀""要""走"等为主，通常情况下直接用动作表达，语言表达意愿较低，对规则不理解，不太愿意配合别人，入园初常出现满教室跑、满操场跑、发出怪声等行为，中午不睡觉，会发出叫声，会敲击栏杆等。

二、具体举措

1. 家庭访谈

班主任老师反映了田田的入学适应问题后，资源教师介入，积极开展园内干预，组织了一次融合教育探讨会，邀请家长参与。我们从访谈中得知，田田自小由爸爸带大。爸爸、妈妈都是医生，有了弟弟后爸爸陪伴她较多，平时爸爸经常带她出门，因为新冠疫情的影响，她断断续续地上幼儿园，其间换了3家幼儿园，幼儿园期间她未进行过系统的早期干预。爸爸了解了很多的干预知识和方法，也在家对她进行了感统训练、认知训练等。亲子关系融洽，田田对爸爸比较依赖，在爸爸陪同时情绪稳定，参与活动时配合度较高。

2. 评估

通过《学前融合状况评估表》《婴儿初中生社会适应行为量表》及对她日常在校的学习和生活观察，我们得出了以下结论。

田田上幼儿园前社交活动较少，难以理解幼儿园的常规与要求。同伴互动经验不足，也使其不习惯关注同伴，不习惯从同伴身上模仿和学习，更难以用正确的方式与同伴互动。她最迫切需要解决的问题是要尽快适应幼儿园的生活，不再满校园跑，能进教室安静地坐着，在提示参与活动方面，减少干扰行为。根据以上分析，我们从最迫切需要解决的问题入手。一方面，提高田田的语言理解能力，让她尽快理解老师的指令，结合强化物的使用促进她的正向行为表现，从而提高她的行为配合度；另一方面，提高田田的语言表达能力，教导她需求表达的多种方式，减少其因表达不清或不会表达而用问题行为来达到目的的现象。

3. 实践研究

我们通过观察、访谈、评估等方式，围绕田田的问题展开实践。班级老师制定《观察记录表》，并将田田 1 天中各个时段的表现和问题详细记录下来。

家园共育，信任互助。通过"请进园"形式，围绕田田的问题行为开展深入而又全面的讨论。在整个过程中，我们主要从以下几个方面开展活动。

① 以客观的态度陪伴家长观察田田的行为。当初家长没能对孩子在幼儿园里的表现有全面、客观的了解，爸爸总认为孩子快乐就好，造成与老师在沟通上有很多困难。由此，我们请家长进幼儿园，在隐蔽的情况下，与老师一同观察孩子的日常表现和与同伴互动的情况。通过多次观察，家长的态度有了明显的转变，从原来的质疑、回避，到后来正视田田的问题，并表示渴望老师给予有效的建议，家园的信任关系逐步建立。

② 从科学的角度引导家长一起分析导致田田出现行为问题的原因。由于田田的问题行为一入园就表现出来了，幼儿园园长、资源教师、班主任及巡回指导老师以专业的态度，严格按照问题行为功能分析的科学步骤对孩子进行观察、记录、分析，并把整个过程详细地向家长解释，让家长能以客观、科学的态度了解问题，并分析原因。

③ 以同伴的角色连同家长一起讨论解决问题的方法与策略。了解家长面对孩子问题时的心理压力，巡回指导老师巧用心理疏导的同理心技术，很快得到了家长的信任，爸爸提出想通过影子老师陪读参与融合教育

的想法，并表明与其并肩作战、共同培养田田的坚定态度。

④ 联动资源，尝试影子老师的介入。11月1日，田田的影子老师彬彬老师顺利入园，她开始了陪读工作。彬彬老师上午陪同田田在幼儿园上课，并记录好《日常行为记录表》。下午带田田回机构继续进行康复训练。这有效保证了田田的融合与个训需求。同时，我们也积极与影子老师、家长保持沟通和交流。与家长就语言训练策略、家庭环境调整、教养模式转变等方面展开针对性的讨论，并达成可行的一致意见。在整个共育过程中，家园密切沟通，步调一致，最终实现田田能力的提升和解决她的问题行为。面对不熟悉的孤独症康复训练领域，我们鼓励家长大胆走出舒适圈，积极寻找社会资源，保证介入方案具有科学性和整体性。首先，我们邀请了相关孤独症康复训练的负责人来园与相关老师就田田的情况进行问题分析、能力提升、环境调整等的讨论。其次，应家长的需求，我们为专业训练机构介入搭桥铺路，寻找不同的专业训练机构供田田选择，使具有针对性的康复训练得以进行。最后，为了实施能顺利开展，我们特地邀请了孤独症康复专业的专家为全班教师、保育员进行培训，让大家多了解这一障碍类型孩子的主要特征和有效介入的常用方法与策略，培养老师们融合教育的理念。这一举措为专业训练机构有效介入田田的治疗提供了重要保障。

⑤ 积极开展融合课程实践，让田田进行语言理解与需求表达的训练。资源教师每天与影子老师沟通，配合班级老师展开了系统而有组织的康复训练，并根据实际情况给予适时的建议和策略调整。同时还注意利用幼儿园的多种互动情境，如早上回园能回应园长老师的问好，在得到老师和同伴帮忙时能道谢等。结合整个班的常规运作，为其设计个别化的常规训练活动，如让她充当老师的小帮手，协助老师派学具、整理桌椅和收拾玩具。

⑥ 为了让田田有稳定的情绪，老师特意为其创设动静交替的学习模式。因为她精力旺盛，且对运动的需求高于同伴，所以老师每天让她在足够的运动后再进行学习与训练。她情绪波动比较大，老师每周为她增设两次橡皮泥活动，运用角色扮演等方法，让她能在放松的状态下进行自由探索与表达。

以上的课程重置与策略设计，提升了田田语言、情绪、交往等多方面发展的整体效果。

三、实践反思

1. 宽松的心理环境

营造田田被同伴接纳、被教师关注的环境。花花老师每次看见田田时就和田田打招呼，很快田田就拉着花花老师的手一起玩橡皮泥，几次下来，田田的笑容多了，她一定感受到了老师对她的信任和关爱。

2. 融合小伙伴的带领

《3—6岁儿童学习与发展指南》中提倡"支持幼儿和不同群体的同伴一起游戏，丰富其群体活动的经验"。因此，要充分发挥普通幼儿的影响力，引导他们接纳、关爱特需孩子，让特需孩子学习帮助他人的社会技能。而融合小伙伴作为一个很好的协助者，可以成为模仿对象、社会互动的主动发起者、适当技能的教导者和提示者、人际冲突的调节者、行为表现的监控者和回馈者。因此，老师为田田找了一个融合小伙伴来作为她模仿和学习的榜样。事先让融合小伙伴了解田田并指导融合小伙伴处理问题的方法，例如，需要和同伴一起合作时，融合小伙伴可以主动邀请田田一起合作。在课堂中，当田田想要参与时，融合小伙伴会示范举手并提示田田举手……融合小伙伴的支持和陪伴增加了田田与同伴互动的机会，也促进了田田社会技能的发展。

3. 游戏的组织

当田田能理解并遵守简单的游戏规则，也很愿意参与到游戏中时，幼儿园可依托课题游戏干预策略，在课堂教学中邀请普通幼儿，以融合小组的模式开展社交游戏。在游戏的组织过程中，老师遵循从易到难、循序渐进的原则，刚开始会考虑优先选择一些田田比较熟悉的游戏内容，例如，捉迷藏、击鼓传花、抢椅子等。通过参与游戏，田田的合作能力得到了一定的提升。

4. 给予参与的机会

尽量多给予田田参与的机会，课堂中，降低题目的难度让田田回答，鼓励田田做操，和同伴一起成为"小老师"带领其他同学做早操……

在融合教育的过程中，田田的各方面有了明显的进步：来园时自己进入班级，和老师、阿姨打招呼，独立选择区域进行活动，喜欢角色扮演，主动发起对话。

第四章 融合教育协同指导案例

案例二　融合无痕，有爱无碍

苏州市相城区特殊教育学校　刘珊珊

一、案例背景

随班就读作为全纳教育理念的主要实践形式，是对特需学生实施特殊教育的形式。这种安置形式是将特殊儿童安置于普通学校，与普通儿童一同接受教育。国务院办公厅转发的教育部等部门《"十四五"特殊教育发展提升行动计划》明确：特殊教育主要是面向视力、听力、言语、肢体、智力、精神、多重残疾以及其他有特殊需要的儿童青少年提供的教育，是教育事业的重要组成部分，是建设高质量教育体系的重要内容，是衡量社会文明进步的重要标志。《"十四五"特殊教育发展提升行动计划》强调："加快健全特殊教育体系，不断完善特殊教育保障机制，全面提高特殊教育质量，促进残疾儿童青少年自尊、自信、自强、自立，实现最大限度的发展，切实增强残疾儿童青少年家庭福祉，努力使残疾儿童青少年成长为国家有用之才。"

小雨是一名随班就读的特需儿童，他出生后被诊断为患有听力障碍，家人发现后及时进行了干预，给他佩戴了助听器。小雨天资聪慧，学业成绩一直名列前茅，三年级前是一个乖孩子，听话，懂事，成绩好。可升入四年级的小雨像是变了一个人一样，脾气暴躁，在班上多次和同学发生冲突，甚至和老师也发生过矛盾，还有攻击行为，砸伤同学的脑袋和脸，上社团课时把乒乓球拍藏起来，等等。为了帮助小雨更好地融入普通班级的学习和生活模式，融合教师服务团队积极提供支持，在实践中找到适合小雨的教育方案，帮助他适应学校生活。

二、主要问题

1. 融而不合：不受欢迎，常被嫌弃

场景：打乒乓球

一次课后延时社团时间，班级学生在打乒乓球，小雨也很想参与，就在旁边等待，约定好两个小朋友三个球。当一轮结束后，两个小伙伴还在打，丝毫没有停下来的意思。小雨说："不是约定好的吗？为什么欺负人？"他生气了，开始捣乱，抢球拍，拦住其他两个小朋友，不让他们打。

小雨很希望参与班集体活动，但由于自身的听力障碍，他无法正常地与普通学生交流互动。孩子们都感受到他的与众不同：他总是埋头学习，还戴一个奇怪的东西，不参加集体活动，不爱说话，只做自己想做的事情，也不太主动和同学们交往……小雨不知不觉就拉开了与其他儿童之间的距离，无法真正融入班集体。

2. 沟通无效：教师缺乏专业技巧

场景：教室里的大战

一天，小雨和同学在做大扫除的时候发生了争吵，在争吵的过程中，他们发生了肢体冲突，小雨拿了扫把，弄伤了同学的脸。班主任王老师让小雨道歉，并严厉地批评了小雨，可小雨就是不道歉，以至于场面一度僵持，后来请来了双方的家长。

据班主任介绍，像这样的事情发生了不止一次，这让她头疼不已。随班就读的特殊儿童因为先天的不足，自尊心强，容易情绪失控，导致行为上的无法自控，影响了老师对整个班级的管理。随班就读学生和普通儿童都无法拥有良好的学习环境。教师因缺乏特殊教育方面的专业技能，影响了整个班级的秩序。

3. 缺乏尊重：独自活动，游离在外

场景：讨厌的英语课

在英语课上，小雨经常不听讲，眼睛不看老师，自己做自己的事情，甚至写其他课的作业。有时他故意把助听器拿掉，老师让他戴好，他也跟没听见一样。英语老师非常苦恼，一边摇头一边叹气，小雨也置之不理。

英语课上，小雨到底心里在想些什么呢？为什么会独自活动？老师想要提醒他，但是他没有做出回应，非常冷漠和被动，缺少互动的意愿。面对老师的督促，小雨爱搭不理，很难和老师建立良好的师生关系。

三、具体举措

（一）营造良好的学校氛围，帮助随班就读儿童融入普通班集体

作为融合教师，要知道患有听力障碍的小雨需要我们悉心的呵护，他比一般的孩子更渴望关爱，渴望老师亲切地和他交流，希望同伴能接纳他，和他一起玩，因此，良好的学校氛围，可以帮助特需儿童成长。

1. 班主任老师的关心

通过班主任访谈和融合教育理念的倡导，改变班主任老师的理念。班主任老师作为特需学生进入校园后交流最多的人，应给予随班就读学生更多的关怀、呵护。理解、尊重、接纳、多鼓励和表扬小雨的正向行为。

2. 同伴的接纳

同伴的接纳是同伴关系的重要一方面，在融合教育环境中，让普通学生对特殊学生有正确的认识，接纳他们并建立良好的同伴关系，不仅对障碍学生的发展有重要的作用，同时也能促进普通学生的社会化学习。认识和接纳同伴之间的差异，对特殊同伴给予尊重，这也正是融合教育的本质。在小雨的班级，巡回指导老师通过《聪明的"笨"小孩》绘本融合活动，帮助学生更好地认识和理解特殊儿童，让学生建立对特殊儿童的正确认知，让班级学生对特殊学生小雨有了正向的想法。通过手指画、班级的友谊树创作等活动，增进了其他同学与小雨的互动，帮助普通学生认识、接纳、理解和尊重特殊儿童。小雨在课堂上积极举手发言，主动参与学校活动，并在活动结束后主动跟巡回指导老师交流。最后，写下自己的优点和缺点，说一说同学和好朋友的优点。通过自我认识和发现他人的优点，学生认识到每个人都希望自己是一个完美无缺的人，要了解自己的缺点和不足之处，努力改变和提高自己，接纳自己不能改变的地方，从而更好地接纳自己。在老师的引导下，同学们在评价自己的时候能够做到既关注外部特征，又不忽视自己的内部特征，从而更加全面地认识自己。在接纳自己的同时，他们也能接纳班集体中的其他同学。现在小雨的班级更融洽、更和谐了，小雨在班集体里更开心了。

3. 巡回指导老师的支持

"我真没想到您会来！"小雨看到巡回指导老师开心地叫起来了。小雨很喜欢和巡回指导老师交流，很快他们就成了朋友。小雨会和老师在微信中聊喜欢的歌、电影等，还会唱歌给巡回指导老师听。小雨的家长也时常会在微信或电话中与巡回指导老师沟通，介绍小雨的学习、生活等情况，有时会发小雨写的作文让巡回指导老师修改。巡回指导老师在自己的能力范围内给出建议，表扬小雨写得棒，鼓励小雨继续写作，同时也介绍一些作文的指导课例等。

（二）通过校内外干预，支持随班就跟读学生自我发展

通过校内外的干预，帮助特需儿童实现更好的发展。

1. 家校合作

融合教育需要老师和家长做出改变，巡回指导老师建议组织开展一次深入的家长访谈，了解孩子的家庭和成长环境。只有了解不良情绪或行为背后的原因，才能找出对应的方法和策略。学校融合教育服务团队邀请小雨的家长参加了融合教育研讨会。小雨的爸爸、妈妈详细介绍了小雨的成长史，小雨出生体检时被发现听力存在障碍，他们坚持早期干预。妈妈带两岁左右的小雨去康复机构的时候,还没到达机构,小雨因为看见高架就开始哭闹不止,长大后每次路过高架,小雨都很害怕。妈妈怀疑是那时候小雨留下了心理阴影,因此小雨才会有情绪问题。小雨的爸爸、妈妈也谈了对小雨的期望和要求。妈妈在看《陪孩子终身成长》一书,表示愿意配合学校的工作,对孩子、对学校都很有信心,期待孩子的进步。

2. 学校融合教育团队的协作

资源教师对小雨的情绪、行为问题有点难以下手,巡回指导老师建议资源老师将小雨的情况反馈给校内资深的心理老师,邀请心理老师介入,对小雨的情绪、行为问题进行干预,同时资源教师也将继续关注小雨的需求,继续深入学习融合教育方面的专业理论,协同学校社团、其他任课老师等,在实践中积极探索针对小雨成长和发育所需的教育方法和策略。

3. 适宜的个别化教育的开展

每个孩子都是一个独立的个体,都有平等享受教育的权利。不放弃、不抛弃每一个孩子,让走进学校的孩子人人都有进步,都有成长,这是学校的责任,更是教育的本质。特需学生因为这样或那样的身心障碍问题异于普通儿童,尊重个性,关注差异和多元发展,通过评估对小雨给予学业调整和支持,做到既不过度关注又融合无痕。小雨的个别化教育计划主要解决情绪、行为问题,因此,并未降低日常学业难度。

四、实践反思

融合不是想方设法地让特殊孩子变成普通孩子,而是真正地尊重和接纳每一个不一样的孩子,是引导普通孩子接纳和尊重特殊孩子,让特需儿童融入主流社会。实施融合教育既有利于特需学生的成长,也有利于培养普通学生健全的人格及珍爱生命、勇于担当等核心素养。特殊儿童少年中障碍性的另一端,那些具有很高天赋的儿童,就像小雨,智力有130多分,他聪明又独特,自尊又敏感,有想法又坚守原则,但有时候也会不被理解,受到伤害。其实这应该是普通学校融合教育的对象,在融合团队和多方的支持下,去接纳他、理解他、爱他,对他进行适切的个别化教育,融合无痕,才能成就更为圆满的融合教育。

案例三 和美西塘融合教育案例

昆山高新区西塘实验小学 孙妮

一、案例背景

1. 融合教育的内涵

融合教育是指让大多数残障儿童进入普通班随班就读的教育方式。融合教育能够降低特需学生的就读成本，让他们同样接受高质量的普通教育，这有利于普通学生和特需学生共同发展社会性，全面提升他们的综合素质。发展融合教育有利于教育水平的提升。

2. 政策背景

早在20世纪八九十年代，江苏就根据教育部的部署，开启了融合教育的本土化探索，对融合教育发展有了独特的理解和实践经验。《中国教育现代化2035》提出了"全面推进融合教育"的目标任务，需要我们积极实施融合教育的各项举措。

3. 我校实际

我校坐落在江苏昆山，有教师178名，学生2 800多名，其中有特需学生若干名。特需学生与普通学生相处融洽，形成了较好的校园氛围，为提升融合教育质量打下了坚实的基础。为使融合教育水平与时俱进，我校实施了由上至下全方位的融合教育探索。

二、主要思路

1. 明确融合教育的含义

我校特需学生与普通学生及教师相处较为融洽，但我校对融合教育的各个层面还需要进行系统化、体系化的建设。因此，首先要明确界定融合教育的含义，从而发现其延伸部分，明确其在具体教学实践中如何落实和实施，能够引申到哪些方面，以期更好地开展接下来的融合教育工作。

2. 分层实施，整校推进

学校需要总体上对融合教育进行系统的管理和把控，包括总的实施方向，在对具体的实施细节进行整体把控的同时，对于各年级、各班级及具体的融合教育案例也需要有一定的了解，从而达到由上至下，以一个较为全面的视角推进本校融合教育工作的开展。

3. 建立适合融合教育的校园环境和氛围

营造一个包容、理解、相互尊重的氛围，在硬件和软件两个方面推动我校融合教育工作的顺利开展，打造我校融合教育的特色。

4. 多资源、多角度推进融合教育发展

要利用各种有益的资源，帮助特需学生很好地融入学校，应从学校层面进行协调，包括各种教学资源、教学设施、生活设施的使用等，并从学校角度、教师角度和家校共育角度，全方位地推进我校融合教育工作质量的提升。

三、具体举措

1. 学校从观察监督的角度推动融合教育的实施工作

以学校为整体，以年级和班级为具体实施单位，推进融合教育的落实工作。

2. 学校从教学层面对教师予以支持

通过会议、教研活动等形式加深教师对融合教育的理解，提升融合教育水平。教师在对融合教育进行实践的过程中，会遇到各种各样的问题，而且每一个问题都具有特殊性，针对这些问题，通过会议等活动进行沟通和交流，有利于集思广益，并且能够积累融合教育的经验。学校组织老师开展融合教育的教研活动，思考如何将特需学生的教育与普通学生的教育相结合，帮助随班就读学生更好地提升学习效率，提升自信心与综合素质。

3. 学校从环境层面提升融合教育的软件和硬件质量

优化融合教育校园环境，需要创设适合融合教育的校园环境，例如，设置适合特需学生的设施，多方面满足特需学生的日常学习和生活需求等。

4. 学校加强与学生家庭的沟通

通过家长会和家访的形式，利用家校共育，提升融合教育的效果。融合教育不仅是特需学生和教师的事，它和每一个学生息息相关。学校需要加强与每一个学生家庭的沟通，争取得到普通学生家长与特需学生家长的理解，共同营造良好的学习和生活氛围。

四、实施过程

1. 拟定融合教育管理计划

学校在充分调研的基础上，结合相关政策和我校实际，拟定融合教育管理计划，包括具体的实施时间安排、具体的实施内容及如何分层推进我校融合教育工作的实施，拟定计划之后对细节进行筛选和整理，并随时在实施的过程中予以调整和把控。

2. 组织教师明确融合教育的内涵，并以班级为单位实施

学校组织教师充分学习融合教育的相关资料，明确融合教育的内涵，梳理在日常教学工作中与融合教育相关的细节，并进行汇总，设置有针对性的针对班级的具体融合教育计划，以班级为单位实施和调整。

3. 教师上报融合教育案例及心得

根据学校的安排，对教学工作实施了一段时间之后，教师对各自的融合教育案例进行总结与上报，分享融合教育过程中的心得，提炼融合教育过程中的一些行之有效的技巧，并分享每位教师在实施过程中的心得体会，从而鼓励教师之间相互学习。

4. 组织教师对融合教育课程建设及教学开展教研活动

组织教师对融合教育课程进行教研活动，例如，组成融合教育教研小组，对各个科目的融合教育优秀案例进行评选，并作为公开课邀请其他老师进行观摩和学习，对优秀的教案进行展示，总结出有利于融合教育开展的优秀教案格式，以便对相关经验进行交流。

5. 组织教师进行经验分享，优化融合教育校园环境建设

在校园环境建设方面，学校检查各班级有无对相关教学设施进行调整，以有利于特需学生的日常学习与生活等，观察特需学生与普通学生是否相处融洽，是否互相尊重、包容，是否能形成和谐的校园氛围。对学生进行抽查，询问其关于我校融合教育环境建设的看法和建议，并重视学生的反馈，对优秀的案例进行宣传，对不足之处予以改进。

6. 组织并开展与家长的沟通，利用家校共育促进融合教育发展

利用家长会、电话家访、实地家访等形式，了解特需学生的生活起居及在家庭中的教育情况，了解普通学生家庭是否对融合教育有相关的了解，普及与融合教育相关的知识，取得每一位家长的理解，共同配合学校开展融合教育工作。

五、主要成效

1. 全方位地增进对融合教育的理解

经过一段时间的努力，我校不管是特需学生，还是普通学生，不管是班主任，还是各任课教师，无论是普通学生家长，还是特需学生家长，均对融合教育这一概念有了更深入的理解，并且对学校采取的各个措施有所了解，因此给予了大力的支持和积极的配合。

2. 积累了丰富的融合教育教研成果

经过一段时间的教研和分享工作，我校积累了丰富的融合教育教研成果，有了一批优秀的教案和课堂范例，并且吸收了其他学校的优秀教学方式。特需学生的学习效率有所提升，普通学生在与特需学生进行互相帮助的过程中，加深了对知识和技能的理解，并且树立了正确的情感、态度和价值观，促进我校德育工作水平进一步提升。

3. 建设了富有包容性的融合教育校园环境

普通学生与教师能给予特需学生关怀和帮助，并做到不歧视、不忽视。不歧视除了指不轻视或嘲笑特需学生，还包括不过度关注特需学生，为特需学生营造一个平等、自然、和谐的学习和生活氛围。我校的校园设施也通过融合教育的实施进行了一定的改造，为特殊学生的学习和生活提供了便利。

4. 提升了融合教育管理水平

学校提升了对融合教育的管理水平。在具体实施过程中，我们遇到了各种各样的问题，如特需学生与普通学生的学习进度不一如何协调、怎样引导普通学生不过度关注特需学生，等等。我们通过不断实践和总结，有了较为成熟的解决办法，积累了较为丰富的融合教育实践经验，提升了融合教育管理水平，能真正做到由上到下全方位的、立体的、多层次地推进我校融合教育管理工作。

六、实践反思

1. 创新点

① 层次分明，充分发挥了学校在整体上的监督与调整作用，做到各司其职、及时沟通、相互促进。

② 由校内到校外，由课堂到生活，由物质到环境，对融合教育有了深入的贯彻和理解。

③ 在教研层面，提高了我校融合教育的教学水平，如为随班就读学生提供教材改编和课后指导，从心理层面对随班就读学生进行鼓励和引导等，总结了一系列行之有效的实践经验。

2. 改进方向

① 本次案例主要从学校层面进行推动实施，教师和学生的自主性还需要进一步提高。

② 案例的沉淀与积累偏向于文本化，缺乏生动、形象的概括和总结，需要进一步以图像、音频、视频等方式记录和整理教学案例。

案例四　学前听障儿童评估与课程实施案例

苏州市盲聋学校　许昕寅

一、案例背景

2003年，10位来自我校的学前听障儿童踏入了一所普通幼儿园，自此，"融合"在这所校园里生根发芽。这次的融合教育打破了往常模式，我们对听障儿童开展普通幼儿园课程及听力语言康复课程，经过10多年的实施，形成了双模块融合课程体系，开启了江苏省两校合作开展融合教育的新征程。

本案例的主人公是在这所幼儿园里随园就读的听障男孩，他小名叫坤坤，左耳听损90分贝，右耳听损80分贝，为重度听损，双耳佩戴助听器，补偿效果一般。入园时坤坤只会简单发音，语音清晰度低，社会性交往能力弱，词汇量少，认知能力弱，对于常见事物无法进行指认和命名。入园前没有集体生活的经验，由于听觉障碍，坤坤听不懂，不会说，性格内向，因此，刚入园时无法适应幼儿园环境，小班开学初伴有强烈的分离焦虑。

为了让他能更好、更快地融入班级，参与普通幼儿园的学习生活，促进其全面发展，我们从评估入手，分析其现有水平，制订个别化教育计划，采取有效策略，对课程进行适当的调整，使其能更好地适应社会发展需求。

二、主要举措

（一）科学评估，奠定方向

评估主要分为两个板块：康复评估和课程本位评估。

康复评估是对听障儿童各方面的能力进行科学、系统的分析和评价，是康复教育中的重要组成部分，通过评估了解造成幼儿听力障碍的原因，为后面的康复教育制订有针对性的计划；此外，课程本位评估同样重要，这是幼儿在融合环境下最自然的评估方式，通过一日生活了解幼儿的现有水平，幼儿在集体环境中表现出的优势与弱势，为融合教育指明重点与方向。以下是具体评估内容。

第一，在资源教室里对坤坤进行专项康复评估。语言沟通能力、言语构音功能、听觉理解能力、认知能力评估是针对学前听障儿童能力的专项评估，完成评估后，与班主任、幼儿家长、资源教师开展个别化教育会议，根据评估结果、会议讨论，为坤坤制订 IEP 计划。

第二，结合《3—6岁儿童学习与发展指南》，利用一日生活对坤坤进行课程本位评估，检测教学活动是否适合坤坤，根据目前他的表现来决定后面的教学安排，评估可以作为班级教师观察和调整教学的依据。评估后，从生活自理、感觉运动、语言发展、情绪行为和学习品质这五方面撰写班级个例分析，描述听障儿童目前存在的问题，为了让幼儿的行为有评价标准，我们对比《3—6岁儿童学习与发展指南》，在原有表格的基础上增加了《特殊儿童发展阶段性目标》及《特殊儿童发展评价量表（家长）》，此后为了更好地展示融合前与融合后的差异，又在表格上新增加了"较上学期进步的地方"一栏，让大家看到幼儿在班级中取得的进步与还需要努力的方向。

这两种不同的评估手段，能让我快速地了解坤坤的情况，总结现有水平，根据融合计划和康复计划制定班级融合课程和康复课程。

（二）教学实施，有效融合

我们根据"课程本位评估""IEP""双模块融合课程""课程调整策略"设计班级融合个别化课程。在幼儿园普通课程中，由于听力障碍的因素，坤坤的认知、语言与沟通能力较弱，因此，我们把课程简化，便于他理解；将语言类活动进行课程扩展，开展补偿性教学；利用户外活动等进行嵌入式教学，富有情境。

1. 课程嵌入

入园时坤坤处于佩戴助听器初期，正处于感知声音的阶段。对听障儿童进行听力干预，都需要从感知、辨别声音开始，引导他们理解对应声音的意义，再帮助他们内化成自己的语言，进而表达出来。一日生活即教育，我采取嵌入式教学，从日常生活出发，鼓励坤坤模仿常用语，将常用语与动作联系起来，逐步增加词汇量。

利用游戏机会进行课程嵌入，在区域游戏中，坤坤在泥工区制作苹果时很认真，有幼儿把自己制作的苹果给我看，坤坤看到了也将自己制作的苹果给我看，我对他的作品表示肯定，并引导他学习描述性语言"圆圆的""红红的"，学习名词"苹果"，坤坤很高兴地说了几遍，在操作时也会跟着说"搓一搓""压一压"等词语。旁边有个小朋友问他："你做的是什么呀？"坤坤很高兴地说："苹果。"在整个过程中，他的注意力都比较集中，偶尔会抬头看看四周，并没有哭泣，也没有不安。游戏结束后，我还将坤坤制作的苹果进行了展示，引导大家一起表扬他。"坤坤，你真棒！"坤坤非常高兴，对着大家哈哈大笑。

坤坤对橡皮泥很感兴趣，能长时间集中注意力，参与到游戏中来。他的小肌肉发展得较好，能将橡皮泥搓成圆球，掌握了搓圆的技巧。小班正处于好模仿的阶段，因此，当坤坤看到其他人将作品给老师看后，他也会学着将自己的作品给老师看，他对老师有一定的信任。小班一阶段的融合活动，坤坤与周围的幼儿比较熟悉，能和其他小朋友一起玩，并进行简单的问答。

2. 课程扩展

我通过课程本位评估发现坤坤有一定的模仿能力，操作能力强，喜欢参加美术活动，因此，我进行了课程扩展，在园本课程的基础上，充分发挥他的优势，从兴趣点入手，并将语言学习作为重点。以陶泥活动"落叶树"为例，在这次活动中，我考虑到坤坤的学习特点及年龄特点，采用了直观演示法，利用PPT等进行直观演示，激发他的学习兴趣；采用"提问法"，引导他带着问题去观察并思考；采用"示范讲解法"，帮助他掌握正确的表现方法；采用"个别指导法"，在把握他现有水平的前提下，进行适时、适当的指导。坤坤在活动中能安静倾听，并积极举手回答问题，且在描述作品时他能从"我做的是一棵落叶树，我的树干是粗粗的，树枝很多，树上树叶都落下来了"来进行介绍。这次活动，他对团、搓圆、压等技能掌握得更熟练了，语言表达得也更完整了。

三、主要成效

通过三年的幼儿园康复融合课程，坤坤逐渐成长为一个有想法、自信、爱表达的孩子，他还参加了江苏省第二届听障儿童演讲比赛，取得了很好的成绩。毕业后回幼儿园，他说在小学里虽然自己也交到了很多好朋友，但他还是最喜欢幼儿园，幼儿园是他最开心的时候。

每个孩子都是天使。即使有听力障碍，坤坤通过幼儿园的三年融合教育，学会了怎样融入集体，学会了与人交往，学会了正确表达自己，最终他很快地融入小学生活，成为一名优秀的小学生。

现在，越来越多的孩子加入了我们这个融合大家庭，我们能做的就是不断提升自己，做好融合教育，希望每个孩子都能有一个缤纷的未来！

案例五　多元融合·三十年静"埭"花开

——一所乡镇小学 30 年的融合教育模式探索

苏州市相城区黄埭中心小学　沈奇明　傅海明　徐菲　陶丽娟　陈越

一、案例背景

苏州市相城区黄埭中心小学位于江苏省苏州市相城区黄埭镇，一百多年的办学历史积淀了深厚的历史文化底蕴。1994 年，国家教育委员会（现称"中华人民共和国教育部"）发布《关于开展残疾儿童少年随班就读工作的试行办法》，黄埭镇政府考虑区域内残疾儿童的上学需求，在小学设立特殊教育班，接收适龄残疾儿童。近年来，随着适龄特需儿童数量越来越多、障碍类别日益复杂，学校抓住国家、省、市特殊教育二期提升计划实施契机，在相城区特殊教育指导中心的支持和指导下，基于特教班办学模式的良好基础，建设融合教育资源中心，通过科学规划、创新模式，走出了一条内涵发展、特色发展的乡镇融合教育之路。

二、主要思路

学校紧紧围绕落实立德树人根本任务，加快构建教育新发展格局，努力让每个孩子享有公平而有质量的教育。促进特需儿童的个性发展，打造平等尊重、和谐共进的融合文化，这是苏州市相城区黄埭中心小学融合教育之路的美好愿景。学校致力于探索"多元安置、适宜教育、创新评价、涵养师资、合作共育"的乡镇学校融合教育模式，最大程度创设促进普通学生和特需儿童融合共进的校园环境，同时发挥融合教育资源中心的辐射功能，切实保障镇级辖区特需儿童享有公平而有质量的教育。

三、具体举措

1. "赋能"多元安置，让融合教育更适宜

根据学生现有能力和水平，依托区特殊教育指导中心专业人员的支持，向适龄残疾学生家长提供特殊教育服务清单，通过书面承诺让家长无后顾之忧。根据学生具体情况、潜能开发和补偿程度对课程进行集体审议，制订个别化教育方案，实行单独课表、走班制授课、个别化教学、康复性训练等。经过专业的评估流程和课程集体审议，学校建立了三类安置

体系：全日制特教班（为智力、精神等障碍程度较重的特需儿童提供教育）、半日制特教班（为言语、肢体障碍的学生提供专业的言语治疗、物理康复等）和随班就读（具有接受普通教育能力的各类适龄特需儿童，制订适宜的课程调整计划，提供班级支持服务）。在分类安置的基础上，全面打造融合校园，尊重差异和个性化发展，对特需儿童按需帮扶。

2. 实施适宜教育，让融合教育更优质

在日常教学实践中，教师尊重差异，针对不同的孩子提供不同的策略支持，注重孩子潜能的开发，而这一切落脚于学校的"123"融合课程体系（图4-1）。"1"是一套针对所有特需儿童的个别化教育课程，融合教师团队为每个有特殊需要的学生制定个别化教育训练方案，有效落实"一人一表""一人一案"。"2"是融合主题月课程和班级支持服务，学校德育处专题设计"助残日""心理健康月"等校级融合活动；融合教育项目组指导随班就读学生班级成立包含支持伙伴的班级融合服务小组，开展诸如劳动实践、微盆景设计、种植栽培等课程，为随班就读学生提供班级支持服务。"3"是针对半日制特教班安置学生的3项康复课程，主要通过专业教师及外聘康复师对特需儿童进行物理康复、言语语言康复和精细动作训练。

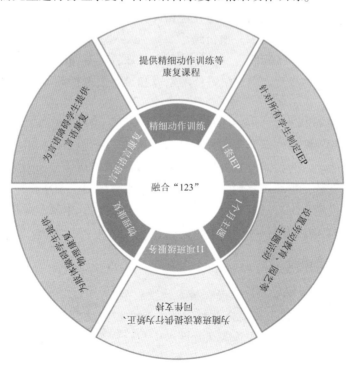

图4-1 "123"融合课程体系

3. 创新评价机制，让融合教育更生动

学校为特需儿童私人定制综合素质报告书，将量表测试、日常行为观察、过程性学习和学业测试相结合，遵循特殊学生身心发展特点和特殊教育规律。对于其他普通儿童，学校通过完善学生综合发展评价方案，将接纳特需儿童、帮扶困难同学纳入素质教育综合考评。学校多角度优化教师考核机制，对接纳特需儿童的班级和班主任，在绩效考核加分和评优评先优先推荐方面予以体现；将特需儿童课程的调整、个别化教育的实施等纳入教师教学常规考核中。通过优化评价方式，形成尊重学生的个性差异和多元发展的认同感，激励学生，挖掘学生的发展潜能，让每个学生身上的闪亮之处都能被欣赏，从而唤醒学生的内在动力。

4. "涵养"师资队伍，让融合教育更高效

专业的服务，主要依赖师资的配备和教师的专业水平。目前，苏州市相城区黄埭中心小学融合教育项目组配备有专业特教教师1名，持上岗证资源教师2名，心理健康专兼职教师3名，区巡回指导教师1名，融合骨干教师近10名，其中市、区级骨干教师5名。分管行政和个案相关教师全面参与对特教班及随班就读学生的管理、指导和教育工作。项目组定期召开会议，研究发展规划，讨论教育和评价方案，确保每个特需儿童能享受到适合自身的教育资源。项目组牵头加强专业教师教科研能力的建设，通过跨区域交流、校际联合、普特共育、特殊教育专题等教研活动，不断提升教育评估、教育教学、学习环境创设和家庭教育指导等能力，提高教师融合素养。

5. 推进合作共育，让融合教育更深刻

家校共同探讨特需儿童的教学目标，制订个性化学习计划，开展系列家长学校活动，为特需儿童的家庭教育提供科学的指导，助力学生成长；争取社会支持，黄埭镇慈善会通过残疾儿童服务项目，为学校特需儿童终身发展提供资金支持；联动专业机构，通过与医疗、康复专业机构合作，聘请康复机构定期来校开展服务，为特需儿童提供专业的指导与服务。

四、主要成效

1. 多元安置方式，乡镇融合模式初步成型

近30年的特教班和融合教育实践，为学校的融合教育奠定了较为合理的运行基础和模式。作为黄埭片区融合教育资源中心，学校辐射本镇范围小学段特需儿童服务的同时，加强特需儿童幼小衔接、小初衔接的研究，保障就学需求，义务教育阶段特需儿童入学率提高至100%。

2. 多元课程建构，特需儿童发展得到支持

根据特需儿童的个体情况设置个别化教育方案，优化学校课程体系，促进特需儿童的社会化发展。特教班的开办及近年来随班就读儿童的教育保障，至今已让60多名同学顺利完成义务教育小学阶段的学习，大部分学生接受更高层次的教育，并融入社会，适应社会生活。

3. 多元评价实施，教育改革创新持续推进

以融合教育文化塑造为指向，落实立德树人根本任务，在育人过程中重视评价导向作用，创新评价方式，推进评价机制改革。在组织好特需儿童"个别化教育计划"实施评价的基础上，先后修订、优化《黄埭中心小学学生综合素质评价实施方案》《黄埭中心小学教师考核评价方案》等一系列评价机制，使之符合"面向人人""激发潜能""关注成长"的融合评价要求，进一步发挥评价促进学生成长的功能。

4. 生命多元文化，校园融合氛围逐步形成

学校努力为每一个特需儿童提供适切的教育，社会各界对特需儿童的全心接纳成为每个人的共识。2021年12月，苏州电视台以"特殊的升旗仪式"为主题报道了学校特需儿童钧钧的故事，引起了热烈反响，平等对待、互帮互助、扶残助残的良好社会氛围得到了彰显。

五、实践反思

1. 普通学校融合教育需要资源中心转型升级

苏州市相城区黄埭中心小学融合教育工作正面临新时代教育改革的挑战，面向特需儿童发展更为多元的支持需求，特教班、融合教育资源中心亟待转型升级：融合教育资源需要扩充，课程体系需要完善，评价机制需要优化。

2. 普通学校融合教育关键在于健全支持保障体系

学校应充分发挥基于个体需求实施课程改革的责任和自主权，建立因材施教专业服务体系、支持保障体系，整合校内外资源，形成融合教育特色课程，建设满足个别化需求的融合资源，促使资源教师更专业、学校课程更多元、资源更丰富、融合教育更融洽。

3. 普通学校融合教育必须注重质量评价

实施多维发展性评价，为特需儿童建立涵盖学业成就、功能发展和与社会适应等内容的、能促使其适性发展的评价模式，学校根据评价结果了解融合教育的推进成效，找到改进的方向和目标，在评价和实践改进中不断提升融合教育质量。

案例六　常态教学环境下特殊学生融合案例

张家港市乐余中心小学　施惠

一、案例背景

1. 专业机构诊断

根据医院的检测结果，小 T 属于中度智力障碍，感觉统合功能严重失调。

2. 教师观察和分析

从我四年来的观察及所记录的材料来看，在学校，小 T 同学容易情绪激动，经常大喊大叫，与同学关系不和谐，经常出现语言暴力，用语言攻击其他同学，甚至老师。

通过观察，我发现她是一个极度缺乏安全感的孩子。她的很多暴力行为，其实是一种自我保护，每当她感受到危险即将来临的时候，就会启动防御机制出手伤人。这与她的成长环境有一定的关系，从奶奶的陪读过程来看，奶奶经常对小丁大打出手，小丁身上经常有明显的伤痕，每当班里的孩子离她稍微近一些，她的内心就开始惶恐，嘴里喊着"不要打我"。但她的内心又非常渴望能像正常的孩子一样坐在教室里上课。小 T 不喜欢奶奶陪她坐在教室里，在她情绪比较稳定时，她会赶奶奶出去，独自坐在教室里；虽然她平时不写字，但其他同学挨个上来批作业时，她也会拿着本子上来……她的这种强烈想加入集体的愿望，是实现融合教育的重要前提条件。

二、具体举措

（一）教师的心理建设

1. 班主任的心态调整

当我得知要接管这个孩子时，并不觉得她是个麻烦。对我来说，小 T 是我职业生涯中的贵人，因为她，我学到了很多以前不知道的知识，也因为她，我对"老师"这个职业有了更深刻的体会，获得了更多的职业幸福感。

2. 任课老师的心理建设

为了更好地关注这个孩子，我同其他任课老师进行了积极的沟通与交流,确保所有任课老师都能敞开心扉接纳她,也通过跟任课老师的交流,更加全面地了解她,这样我既可以针对问题采取相应的措施,也可以观察和发现她的兴趣爱好,思考通过哪些方式对她进行融合教育更有效。

3. 教师专业素养的提升

接触小T的一年多来,作为班主任,我阅读了《共融共生——基于融合教育的课堂教学与生活实践》《特殊教育班级管理与建设》等书;我参加了"特殊教育新课改背景下个性化自主学习平台建设"教学研讨会,努力从各个方面拓宽在特殊教育这个领域的知识面,寻求更多帮助特需儿童融合的有效方法。

(二)发挥同伴作用,营造接纳的氛围

同伴在特需儿童的融合教育中具有巨大的作用,同伴往往能引起特需儿童的社交兴趣,能起到发展特需儿童社会性的作用。在日常的教学生活中,我主要尝试了以下方法。

1. 与学生沟通

融合是双向的,想要特需儿童融入进来,就要同时做好特需儿童和其他儿童的心理建设。孩子们都是聪明又敏感的,很容易发现小T的异样,而在发现异常后用何种方式应对,需要老师加以引导。平时我会利用小T回家吃饭等机会,开展一些微班会,引导孩子们以一颗博爱之心接纳小T。只有孩子们在心理上都接纳她了,才能发挥同伴的作用,才能实现融合教育。

2. 鼓励共同活动

共同活动可以充分发挥同伴作用,有效帮助特需儿童尽快融入班集体。游戏在特需儿童的融合教育中作用很大,尤其是低年级时。在游戏中,特需儿童能够更快地融入。课间我有时会鼓励孩子们玩一些简单的小游戏,在小T有意愿时让她加入进去。集体劳动时,我会给小T安排一些简单的任务,她也会很开心地去完成,完成后会很得意地跑来等我表扬她。

3. 鼓励同伴表扬

对于特需儿童的融合教育,光有课外的共同活动还不够,也要让他们融入课堂。不论是我,还是其他老师,都会在课堂上尽可能多地留意小T的言行,发现她能坐端正听课时,就会立刻在全班孩子面前表扬她;有时一些很基础的问题,听到小T说对了,我也会赶紧请她回答,并鼓励全班同学给予掌声……(刚开始,她可以用任何姿势回答,只要愿意开口,哪怕是蹲着,在桌底下,在家长身后,都可以,等她情况好一些,再慢慢引

导她坐着听课，举手回答问题)

看似简单的小事，但孩子们从心底里对小T的认同，以及给出的肯定的眼神和鼓励的掌声，能起到神奇的作用。慢慢地，小T在课上越来越投入了，举止越来越得体了。

(三) 与家长沟通，获得支持

特需儿童的家长非常需要教师的及时鼓励，让他们能对孩子的未来抱有期待。特需儿童融合教育的实现也离不开家长的陪伴和支持，但有些特需儿童的家长在孩子的日常教育上有些欠缺，因而，与家长及时、积极的沟通尤为重要，良好的沟通能为特需儿童的有效融合提供很大的助力。为此，我进行了以下尝试。

1. 与家长沟通

由于小T的情绪时常反复，有时候上午还不错，下午就变得暴躁；遇上放长假，她回来后很难进入正常的学习状态；有时由于药物的原因她变得易怒、敏感，不让任何人靠近。出现这种情况时，我会让奶奶坐在她旁边，陪着她，稳定她的情绪，她实在控制不了情绪时，奶奶会申请带她回家。次数多了，奶奶认为她在学校也学不了太多东西，有时会因为下午没有主课，或者天气不好等原因也想带她回家。针对这种情况，我跟奶奶做了沟通，告诉奶奶小T的内心非常渴望跟正常孩子一样，不希望自己是特殊的，家长应该极力配合孩子想要融入班级的心愿，尽量不搞特殊，让孩子感受到她也可以像正常孩子一样做一些事情。

2. 定期家访

从一年级开始，我坚持每月一次家访，与家长沟通小T近期在学校的状况，有哪些进步，家校如何配合……以更好地实现融合教育。平时如果有什么情况，都会第一时间跟她妈妈沟通。

3. 鼓励社会化教育

对于特需儿童来说，有一项自己擅长的技能是非常必要的。这是他们未来生存的依托。但目前普通中小学里还没有这样为特需儿童开设的技能课，因而我鼓励小T的家长在课外带她学习她喜欢的技能。

4. 建议家长改变教育方式

经观察发现，孩子的暴力行为跟家长的教育方式也有一点儿关系，奶奶生气时打孩子十分严重，常在上课时把孩子拉出去一顿猛打，小T早上来上学时脸上有时也会有明显的伤痕。于是我跟奶奶沟通，让奶奶尽量控制自己的情绪，别打孩子。

三、主要成效

经过全体任课老师四年来的努力，小T的情况有了很大的改善。

小T在行为上有了很大的转变，一开始无法正常地坐在椅子上，每天紧张地蹲在奶奶的身后，甚至不愿意把脸露出来；后来，虽然能坐着上课，但会在课上不时地随意走动或喊叫；而现在，能基本正常地上课了。

一年级刚进校时，我每天都需要处理小T的"打人"事件，通过一系列的共同活动，在同伴的帮助、老师的鼓励下，小T终于能平静下来了，不仅消除了旁人接近时的焦虑和不安全感，还非常愿意主动接近别人，课间时常能看到她和同学们一起玩游戏。有时，她会主动来找我聊天，会在放学时主动表现自己，比如，每天放学时很开心地告诉我她要擦黑板了，或者拿着拖把打扫教室，希望得到大家更多的肯定。

特殊学生的融合教育是一个漫长的过程，需要教师协调各方，调动一切有利因素，创设良好的融合环境，帮助特需儿童更好地发展语言能力、沟通能力、情绪控制能力、社交能力等，在今后的职业生涯中，我将继续钻研学习特殊教育的相关知识，探索和实践出更有效的融合教育方法。

案例七 全域融合：让每一颗童星绽放生命的光彩

苏州市吴中区郭巷实验幼儿园　高露露　袁小群　郎静怡

一、案例背景

江苏省苏州市吴中区历来崇文重教。吴中区教育局高度重视融合教育工作，认真贯彻落实《江苏省第二期特殊教育提升计划》。截至目前，全区43所学校建成融合教育资源中心。

苏州市吴中区郭巷实验幼儿园坐落在吴中区东部的郭巷街道，是一所典型的江南农村幼儿园，生源大多来自周边的农村，还有一部分是外来落户的新苏州人。学校积极、扎实推进融合教育工作，将班级文化资源、户外文化资源等，全部纳入融合教育资源，开展全域融合教育。将校本课程农村幼儿园地方性体育游戏的开发研究，纳入融合教育校本研究。幼儿园已成功建成区级融合教育资源中心，为周边社区适龄特需儿童提供融合教育服务。

幼儿园成立了由园长为组长、分管副园长为副组长、资源教师和融合班级班主任为小组成员的融合教育资源中心领导小组。为努力提升幼儿园教师融合教育专业素养，切实保障特需儿童在园生活和学习的质量，促进特需儿童更好地融入班集体，幼儿园实行融合教育师资培训和发展计划，2位教师通过省级培训，顺利获得了特殊教育专职教师证书。幼儿园还组建了以分管副园长、资源教师为组长的教研团队，为每个特需儿童制定"一人一案"，给他们适合自己的个别化教育，帮助他们融入班集体。

我园高度重视融合教育全员校本培训，所有教师都要努力提高自身融合教育专业素养。在幼儿园浓浓的融合教育氛围中，作为一名青年教师，我也一同成长着。

开学第一天，我发现有个叫皮皮的小朋友跟其他孩子相比，存在明显差异，走路摇头晃脑，说话口齿不清。通过和班主任、保育员谈话，我了解到皮皮是一名语言发育迟缓的幼儿。他已上过一年的小班，但并没有很好地融入班集体。家长担心他升中班后更加无法融入集体，便向我园申请让皮皮再上一年小班，并提供了苏州大学附属儿童医院的医学诊断书，那时家长交代了孩子的病情，我们也对皮皮的障碍类型进行了确认。

二、主要思路

我园融合教育资源中心领导小组成员按照《融合教育资源中心个性工作流程》，邀请吴中区特殊教育学校的巡回指导老师，通过在线康复平台，对皮皮进行最初的功能评定；再根据评定结果，从孤独症儿童发展评估表中，选择粗大动作、精细动作、语言和沟通评估表，对皮皮进行详细的评估；然后由班级老师对皮皮进行细致的观察。随后，我园资源中心教研团队，通过向家长发放个别化教育计划会议通知单，邀请家长入园，一同为皮皮制订个别化教育计划、学期教育教学目标和"一生一课"表，并向家长介绍我园融合教育资源中心特殊教育服务清单，真诚地表达我园将通过三年的幼儿园教育，让皮皮更快更好地融入班级、融入幼儿园的集体生活。家长带着信任和感恩，郑重地在家长知情同意书上签了名字。

三、具体举措

（一）随班就读，享受融合教育

融合教育的目的是让幼儿融入班级、融入幼儿园，让特需儿童能和同伴一起快乐地学习和生活。

1. 幼儿选择同伴，融入集体

在融合教室里，我们让皮皮选择喜欢的同伴坐在他旁边，陪伴他参加集体活动，让他真切体验到与同伴一起学习的快乐，促进社会交往能力的提升。

2. 教师创造机会，同伴给予肯定

两位老师合理分工，给皮皮创造表现的机会。在语言活动中，设计个别化的提问，让他顺利回答；邀请语言表达能力中等的小朋友进行言语示范，让他模仿。在美术、科学等学科的活动中，鼓励他示范操作，使他得到同伴的肯定。配班老师定期对皮皮做观察和分析，采用支持性策略促进他语言和精细动作的发展。

我们把握每周一次的自我评价活动，让皮皮在集体面前展现自己的本领，老师进一步表扬他，同伴进一步认可他，园长也会参与进来，给他发放喜欢的小奖品。

皮皮变得越来越自信，越来越愿意融入班级。

3. 教师创设温馨阅读区，幼儿阅读最爱绘本

皮皮喜欢独自去阅读区看书，但其他孩子并不习惯和他一起阅读。我们通过丰富阅读区环境，投放关于人际沟通、自我认知、习惯养成等不同类型的绘本，安装可爱的小帐篷，投放幼儿喜欢的毛绒玩具，引导他们在阅读区开展"你讲我猜"游戏。皮皮讲绘本，同伴猜绘本，大家一起阅读绘本。

在温馨、有爱的阅读区，皮皮的语言表达能力和同伴交往能力得到了进一步的发展。

（二）户外活动，感知融合教育

户外活动是幼儿喜爱的活动之一，参加户外体育活动，不仅让孩子锻炼身体，也能增强孩子的自信心，培养勇敢、坚强等品质。而皮皮更需要在户外活动中释放情绪、愉悦身心，这样他的粗大运动和身体平衡能力才能得到更好提升。

1. 善用户外活动场地和设施资源

我园有宽敞的户外活动场地和丰富的设施资源。每天户外游戏时，我们都会重点选择一种运动器材来辅助皮皮锻炼，如走平衡荡桥、玩攀爬组合、钻滚筒等，鼓励皮皮和同伴在场地上自由奔跑。

2. 巧用民间体育游戏课程资源

我园的课题"农村幼儿园地方性体育游戏的开发研究"，当时作为苏州市重点课题，对适合在幼儿园开展的民间体育游戏内容有相对专业的研究。根据皮皮的动作发展特点，我们选择了适合皮皮玩的民间体育游戏，每周有重点地带他玩以下一些游戏：梅花桩、踩高跷、老鹰抓小鸡……

(三) 资源中心，体验融合教育

融合教育资源中心的建设，为特需儿童提供了更专业、更丰富的环境和材料，有学习训练区、资源评估区、办公接待区等。每周五上午，根据制订的个别化教育计划和"一生一课"表的安排，资源教师带皮皮过来开展活动。还利用0—3岁科学育儿指导中心的环境资源，如动作发展区、亲子阅读区，让皮皮获得全面的发展。

皮皮进步缓慢时，教研团队会临时召开会议，带领皮皮到资源评估区再次测评。教研团队会请巡回指导老师一同参与调整个别化教育计划，保证计划实施的可行性和有效性。

（四）家园合力，共育融合教育

为了让皮皮更好地融入班集体，家园合作是极为重要的途径之一。皮皮的爸爸、妈妈非常重视教育，全力支持幼儿园工作，努力配合家庭教育。疫情期间家长不能入园，我们就定期打电话或利用钉钉交流，向家长反馈皮皮在园的表现，给家长居家指导建议；家长也会定期反馈皮皮的居家情况，如给我们拍摄小视频，跟我们语音或视频聊天等。皮皮的妈妈还写了感谢信，由衷地感谢我们的付出。

四、主要成效

通过两年的家园合作，皮皮进步了，也成长了！从一开始入园时的摇头晃脑、眼神闪烁、言语不清、独自玩耍，到现在活泼自信，乐于参加活动，跟同伴、老师积极沟通，交到了很多的好朋友，融入了集体，融入了幼儿园。

五、实践反思

两年的融合教育经历，让我在体验成就感的同时，深感孩子家庭的不易，深刻体会到融合教育对促进特需儿童发展的重要性。作为幼儿教师，我更加坚定了幼儿教育的初心，尊重幼儿个体差异，关爱每一个幼儿，确保每一个儿童享有公平、优质的教育。

在与我园融合教育资源中心领导小组和教研团队一起工作的两年里，我对特殊障碍儿童的类型和特点、融合教育资源中心个性工作流程、个别化教育计划的制订等方面，都有了一定的了解，融合教育专业能力得到了很大提升。

同时，我园全体教师，都积极参与融合教育培训学习和实践。大家一同学习，一同研究，一同实践，在浓浓的教育氛围中，努力践行融合教育理念，让不同的特需儿童融入集体、融入社会，让每一颗童星绽放光彩！

案例八　一起爱：构建特需儿童成长支持系统

苏州市虎丘实验小学校　许缨

一、案例背景

李克强总理在 2020 年政府工作报告中指出，要"推动教育公平发展和质量提升""办好特殊教育"。残疾儿童少年在普通学校随班就读，既有利于提高残疾儿童少年的义务教育普及率，提升教育质量，又能推动特殊教育和普通教育共同发展，彰显教育公平。《关于加强残疾儿童少年义务教育阶段随班就读工作的指导意见》积极倡导立足于随班就读学生的发展需求，在科学评估的基础上，应随尽随，尊重差异，因材施教，普特融合。

《国家中长期教育改革和发展规划纲要（2010—2020 年）》提出：关心和支持特殊教育，完善特殊教育体系，健全特殊教育保障机制。《江苏省第二期特殊教育提升计划（2017—2020 年）》要求：到 2020 年，各学段在普通学校接受教育的残疾学生占该学段残疾学生总数的 80% 以上。

同时，在我们美丽的校园里有一群特殊的孩子，他们有的内向、自卑，不爱与人交流；有的自闭、倔强，缺乏自制力；有的因为智力、身体障碍而在学习上出现困难……他们身上呈现出的"不一样"，给老师们的工作带来了巨大的挑战。学校存在特需群体数量有所增加、辅助见效慢、家长共情难的特需服务困境。

每一个孩子都享有受教育的权利，每一个孩子都不应该被放弃。我校在"大爱教育"办学思想的引领下，秉承"一切为了每一个孩子的发展"的教育理念，坚持"办一所温暖学生一生的学校"。

二、主要思路

2017 年 9 月，我校积极申报苏州市特殊教育发展工程项目。在苏州市特殊教育指导中心和姑苏区教体文旅委、姑苏区特殊教育巡回指导中心的指导下，在市区财政的大力支持下，我校建成了融合教育资源中心，并以此为契机，开始了普特融合的实践与探索。2018 年、2019 年，教育部、省教育厅领导相继来校调研，学校成为资源中心建设示范性窗口单位。2021 年，"一起爱：构建特需儿童成长支持系统"项目省级立项。在积累了 3 年融合教育实践经验的基础上，2021 年我校积极构建学习支持中心，以此回应义务教育质量提升的诉求，补足学习障碍儿童特殊教育的缺位，破解融合教育"融"而难"合"的现实问题。

三、具体举措

1. 建立三级评估机制，落实科学评估

建立"校内自我筛查—区特教指导中心诊断评估—专家委员会法定教育评估"三级评估机制，以科学、规范的评估结果，作为教育安置、课程实施的重要依据。

2. 规范三步安置流程，做到适宜安置

以按需供教为原则，规范安置流程。第一步，发现疑似特需学生后，进行差异性教学和尝试性干预。第二步，在家长许可的前提下，以医学诊断报告为基础，进行法定教育评估。第三步，根据评估结果，确定安置方式，如随班就读，部分课程随班，部分课程在资源中心，随班就读与校外康复机构相结合，等等。对于一些无法单独在课堂上完成学习的孩子，我们采取了家长陪同的制度，希望在学校和家庭的共同努力下，让孩子尽快融入课堂，融入集体。

3. 坚持以人为本理念，优化 IEP 方案

一是强调教育目标、内容、策略的"三适宜"要求，形成补偿与发展并重的个别化教育方案。二是落实好"一人一表"。为全融合学生制定《一人一个别化补偿计划表》，为半融合学生制定《一人一课表》。三是用好特殊教育服务清单。把学校可提供的服务内容以清单形式供家长知情和选择，满足学生个性化的教育需求。

4. 构建三级课程体系，夯实课程实施

一是对普通教育课程及教材教法进行适当的调整，实施差异化教学，满足学生对基本文化知识的学习需求。二是落实 IEP 课程，包括认知训练、生活适应、运动康复、情绪管理、社交技能等方面的训练，满足学生康复补偿的学习需求。三是构建校本化特色课程，主要包括国防特色课程、体育与艺术、科技与信息等课程，满足学生个性发展、潜能开发的学习需求。

5. 定期开展阶段评估，满足动态需求

落实每学期一次的阶段性综合评估，根据学生的动态发展，及时调整课程方案及安排方式，切实做好安置方式及不同学段之间的转衔。

6. 采取多元共治策略，保障课程调整

以教育方案集体审议制度为保障，以学生为中心，以课程要素为重

点，对课程进行适当的调整。采取课程调整写入个别化教育方案，借助团队的协作得以实现，增强校本课程的"通达性"等策略保障落实。

7. 构建家校共同体，促进协同共育

探索"专业协同式家校合作伙伴"机制，通过"一对一"家长访谈、小型家长会、亲子课程、家长微课等形式，构建家校共同体，采用家校协同干预的方式促进特需学生的教育接近或回归普通教育主流。

8. 建立机制保障系统，落实规范管理

一是成立学习支持中心，实施"三级预防"。我们把学校原来的资源教室、心理咨询室、档案室等场所进行功能性统整，架构起由评估测量室、干预中心、个别咨询室、信息档案室、专家工作室等组成的支持性区域，形成一个完整的教育、教研、评估、咨询、干预系统，各自发挥重要功能。二是保障师资力量。配备具有相应资格的专兼职教师，开展个别化教育，对专业康复课程等采取购买社会服务、聘请专业机构专家等形式作为保障。目前我校已有老师获得了资源教师上岗证。三是加强个别化教学教研，注重经验和成果的总结与推广，发挥项目示范作用。四是落实制度保障，执行好诊断安置制度、个别化教育制度、质量评估制度等一套行之有效的管理制度。

四、主要成效

以使命拥抱生命，虽然触及的是学校最关键也最困难的领域，但是通过几年的努力，我校获得了令人欣慰的成绩。我校申报的"一起爱·构建特需儿童成长支持系统"成功立项为2021年江苏省特殊教育发展项目，它也是苏州市唯一通过评审的普通学校个别化教育项目，更值得高兴的是，学生学业成绩得到了明显的提升。就2021年区质量监测项目数据看，我校四年级核心学科的合格率、低分率均优于区域平均水平，六年级合格率、低分率均优于同类学校平均水平。上半年，区"高质量教学密码解读再行动"现场会在我校召开，我校作为代表进行大会经验的交流。与此同时，一支包容度大、专业水平高的教师队伍在快速成长，仅一年，教师教科研获奖达到258人次，获得各类荣誉的达50人次。"文道相长——'四有'好教师团队"光荣入评苏州市第二批"四有"好教师重点培育团队。

我校有一名孤独症孩子，他刚开始进校时完全无法安静地坐着，情绪激动，行为异常，会在教室里乱跑乱叫，对同学有攻击性的行为。学校在了解情况后，联系家长，征得家长的同意后由专家对孩子进行了一次全面、专业的评估。经过两年的特殊教育指导中心的专业康复训练及融合教师的实践，孩子有了很大的改变。现在的他有时候可以安静坐下，有时候甚至可以完成一些作业。

五、实践反思

未来，学校将继续秉承"志洁行芳"之校训，践行"以大爱育人，育大爱之人"的育人理念，关注并关爱校园里的每一个学生，不断加强融合教育建设，传递包容和温暖的情感，从共性着手，展现特性，为每一个学生的潜能挖掘和优势发展创造个性化的成长路径，让每一个孩子都享受公平而有质量的教育。

案例九 声声慢，静待佳音

——一名语言发育迟缓幼儿的成长支持案例

苏州工业园区翰林幼儿园 冯顺丽

一、案例背景

9月开学季，伴随着小班幼儿们的哭闹声"我要回家""我要妈妈"，凌凌用"嗯，嗯"的声音表达着自己的焦虑。我在孩子们入园前家访时了解到，凌凌被苏州大学附属儿童医院诊断为语言发育迟缓，凌凌在日常生活中与人沟通时，一般只能说单个音，并且会不断重复。当急于表达时，能含混不清地说出两个字的词，如"回家"，激动时他会大喊大叫，引起周围同伴的关注；当环境不能满足他的需要时，他会出现情绪失控。

二、主要思路

苏州工业园区翰林幼儿园是江苏省首个通过资源教室评估的幼儿园，是苏州工业园区特殊教育整体规划"一区四点"中的"科教创新片区——翰林点"，幼儿园对于特需幼儿的甄别高度关注，在充分了解凌凌的基本情况后，幼儿园融合教育资源中心尝试通过科学评估来分析凌凌在语言理解、口语表达、构音及沟通方面存在的具体问题，我们成立评估小组，制定IEP，通过资源教室活动、集体生活、游戏活动及个别化指导促进幼儿融进幼儿园生活。

三、具体举措

（一）早期甄别，科学评估

要保证特需儿童教育的针对性、有效性、适宜性，这就离不开科学的教育诊断评估。苏州工业园区翰林幼儿园坚持用科研来引领融合教育的开展，用研究的态度为特需儿童提供专业指导。2015年，在苏州市教育科学"十三五"规划家庭教育及课程建设研究专项课题"家园合作理念下以资源教室为主导的特需幼儿支持体系构建"的引领下，我校探寻了一个行之有效的资源教室运行模式，2022年成功申报了江苏省学前教育学会及江苏省陈鹤琴研究会"十四五"重点课题，重点开展特需幼儿早期发现与支持策略的研究，在课题组的支持下我们对凌凌进行了科学评估。

评估结果表明，凌凌有构音障碍、语言发育迟缓等特点，语言理解能力稍差；在测试一（语言理解能力）方面出现注意力不集中的现象；测试二（语言表达）方面出现不连贯、重复情况；测试三（语言发音）方面，大部分音读不标准。社会适应性方面有轻度的社会适应缺陷。

根据评估结果，结合幼儿园《3—6岁儿童学习与发展指南》《幼儿发展评估指南》领域指标要求，资源中心融合教育小组为凌凌制定了短期、学期和学年目标（表4-1）。

表4-1 凌凌的短期、学期、学年目标

姓名	凌凌	班级	小三班	领域	语言
短期目标		学期目标		学年目标	
在幼儿园里愿意表达自己的需求，必要时配以手势		能用完整、简短的语言与老师和同伴交流		增强语言表达的意愿，能口齿清楚地唱儿歌、唱童谣	

（二）专业陪伴，有效支持

1. 资源教室的多元支持

凌凌第一次来到资源教室，他的眼睛里充满了期待，嘴里一直说着"要玩，要玩"，甚至等不及老师提出要求就跑到沙盘处，拿起小汽车和人偶摆弄起来。资源教室是一个自由的空间，教师可以在孩子们玩的过程中找准时机，借助专业教具给予特需幼儿针对性的帮助。苏州工业园区翰林幼儿园资源教室环境从2014年创设至今，已经形成成熟的支持体系，能够为特需幼儿提供专业的支持空间。"五大功能区"分别是认知学习区、生活体验区、游戏运动区、情绪调节区、教师办公区。根据特需幼儿的需要选择区域游戏，教师观察幼儿的融合游戏情况并进行记录，通过分析材料和指导方法，开展个训指导。让环境资源、材料资源及专业资源整合，为特需幼儿提供支持和帮助。

2. 专业团队的有力支持

① 师资保障。幼儿园一直致力于建设专业融合教师梯队，以特殊教育中心巡回指导老师为引领，以资源教师、康复师及幼儿园领导小组为核心，以班级教师为基础的模式，开展行之有效的融合教育。

② 医教结合。幼儿园积极探索医教结合的模式：多名幼儿在老师的支持下，得到了家长的配合，参与到了社会康复机构的康复训练中，尽早地接受了正规的康复与治疗，更早、更快地融入普通幼儿的社交环境。

3. 个别化的一对一支持

① 个性规划。资源教室融合教育活动结束后，资源教师会和我一起针对凌凌的活动表现，进行分析、反思，制定递进式的个训方案。

② 康复训练。凌凌的语言迟缓问题由我们已取得语言康复师资格的教师跟进解决，康复老师每周指导一次，运用专业的康复训练系统，结合特需幼儿年龄特点和实际情况制订出最适合的康复计划。肢体动作、手势和歌唱都可以辅助幼儿表达。这些方法在我们对凌凌一对一指导的过程中效果良好。

③ 游戏指导。对于凌凌来说，很多发音显得很吃力，我们通过观察发现并不是凌凌不愿意说，而是他不知道怎么发音，有时一个音要重复说几次，在这种情况下，我们会正面引导凌凌反复学习标准的发音，引导凌凌观察教师的嘴形，尝试主动模仿；我们还观察到凌凌挑食严重，只吃米饭不吃菜，由于缺乏咀嚼练习，凌凌一直发不出/g/和/k/的音，于是，我们鼓励他尝试进食蔬菜，增强舌根的力量；在科学区提供吹气类的玩具，增强嘴唇的力量，为发音做准备。

④ 生活陪伴。凌凌在表达方面有障碍，在日常生活中经常表现出很焦虑的情绪，我们在班级里提供了各种各样的标识和图示，用它们帮助凌凌理解班级规则、常规要求等。我们惊喜地发现凌凌会根据图示的提醒去模仿。慢慢地，他的规则意识、情绪控制能力等提高了。语言来源于生活，又在生活中得以运用。幼儿园一日生活是教育的重要组成部分。幼儿园的生活从入园开始，我们通过拥抱、安抚等方式给予凌凌安全感，帮助凌凌找到班级里的个人物品。通过认识自己的照片感受自己是班级中的一员，产生集体归属感。我们在集体生活中为特需幼儿创设一个温暖、舒适的充满爱的环境，让特需幼儿感受到被爱和被需要。

⑤ 一生一案。每一个特需幼儿都应该有一个他自己的个别化档案，我们用文字、录像、照片录音等形式记录凌凌在融合教育活动中的行为表现和取得的进步。通过建立档案，进行持续跟踪、全过程管理，确保关注不间断、融爱不减弱。

4. 班级孩子的伙伴支持

同伴互助是双向支持的过程，不仅可以促进特需幼儿与普通幼儿之间的交往，还可以提高普通幼儿关心和帮助别人的意识。在幼儿园户外游戏活动、自主性游戏活动和区域游戏活动中，创造交往机会，引导幼儿用沟通的方式解决问题；开展分享时光活动，让特需幼儿感受来自同伴的关爱。

5. 家园共育的合作支持

最初，在和凌凌妈妈的沟通过程中，凌凌妈妈认为凌凌语言表达不清楚、咬字不清等，是因为年龄小，后面在与幼儿园小朋友的接触过程中会慢慢改善。正是因为这样，凌凌错过了咿呀学语时期的最早期干预。入园后我们高度重视凌凌的语言障碍问题，经过一段时间的幼儿园生活，凌凌妈妈看到了凌凌的明显进步，开始愿意和老师分享凌凌在家庭中的表现，主动提出对凌凌今后语言发展方面的想法和建议。凌凌的家长还通过社会咨询找到了专业的语言康复机构。有了幼儿园的融合教育和更加具体、专业的康复训练，凌凌的语言能力进步非常快。从单个字到两个字的词语，再到三个字的词语，更令人惊喜的是，我们看到了凌凌主动和同伴说话。

四、主要成效

1. 孩子成长

凌凌在幼儿园的这段时间，从开始因为不能表达自己的想法，哭闹，到可以用肢体语言、手势和较清晰的两字和三字的词语来与老师、同伴主动沟通，凌凌的进步有目共睹，语言的输出明显增多，和同伴的交流互动也日益和谐，情绪更加稳定。

2. 教师收获

在苏州工业园区翰林幼儿园，每一个特需孩子的身边都有一名党员教师的陪伴和支持，我就是其中一个。为了这些孩子，我参加了资源教师的专业培训学习，成为园区特殊教育指导中心"葛增国名师工作室"的一名学员，我用自己的专业陪伴和支持孩子。

3. 团队发展

幼儿园先后有 14 人次的老师参加了相关培训，并获得了特殊教育康复师、家庭教育指导师、心理健康师等资质，一支由资源教师、心理教师、康复教师组成的懂学前、特殊教育、融合的师资团队正逐渐形成，这些专业师资，不仅在幼儿园的资源教室为不同特需儿童开展了专业性指导，更为幼儿园的年轻老师了解和开展融合教育提供了有力支持。幼儿园开发和挖掘了"慧生活"融合教育课程图谱，从实施、保障、评价、集体、小组、个别等各环节进行了深入的实践研究。

幼儿园园长吴臻获得了苏州市特殊教育工作先进个人称号；多名教师在苏州市特需学生随班就读优质课评比活动中获奖，在苏州工业园区融合教育个别化教育计划评比和园区融合教育最美教师故事评比中获奖。

4. 园所发展

苏州工业园区翰林幼儿园将融合教育与党建品牌相结合，将特需儿童的"小融合"做成党建引领的"大融合"，充分发挥党组织和党员在惠及幼儿全面发展、服务教师专业成长、促进事业科学发展等方面的战斗堡垒作用和先锋模范作用。孩子的成长、教师的努力、团队的力量让幼儿园获得了苏州工业园区融合教育示范学校、先进集体等荣誉称号。

五、实践反思

在开展融合教育的过程中，我们时刻以"全纳和平等"为前提，珍视特需孩子存在的价值，尊重和保障他们的权益，积极、努力地为他们创造条件，以满足他们的特殊需要。我们时刻反思自己是否有这样的意识：

蹲下来，与特需幼儿平等对话，让他们感受到自己是被尊重、被需要、被关爱的个体。

停下来，思考我们的教育行为，是否尊重了特需幼儿的差异性，是否从他们的需要出发。

慢下来，等待特需幼儿克服障碍、摆脱内心的羞怯，去表达心声，我们需要静待佳音。

参考文献

英文参考文献

［1］ Andrew, D. P. S. , Pedersen, P. M. & McEvoy, C. D. （2011）. *Research Methods and Design in Sport Management.* Champaign, IL：Human Kinetics.

［2］ Correa-Torres, S. & Howell, J. （2004）. Facing the challenges of itinerant teaching：Perspectives and suggestions from the field. *Journal of Visual Impairment & Blindness*, 98（7）：420-433.

［3］ Giangreco, M. F. , Broer, S. M. & Edelman, S. W. （2002）. "That Was Then, This Is Now!" Paraprofessional supports for students with disabilities in general education classrooms. *Exceptionality*, 10（1）：47-64.

［4］ Lindsey, J. D. （1983）. Paraprofessionals in learning disabilities. *Journal of Learning Disabilities*, 16：467-472.

［5］ Luiselli, J. K. & Reed, D. D. （2011）. *Behavior Sport Psychology：Evidence-based Approaches to Performance Enhancement.* New York：Springer.

［6］ Messick, S. （1989）. Validity. In R. L. Linn （Ed.）, *Educational Measurement.* New York：Macmillan.

［7］ Patti. McVay. （1998）. Paraprofessionals in education. *Disability Solutions*, 3（1）：1-16.

［8］ Pickett, A. L. （1986a）. Certified partners：Four good reasons for certification of paraprofessionals. *American Educator*, 10（5）：31-47.

［9］ Stockall, N. S. （2014）. When an aide really becomes an aid：Providing professional development for special education paraprofessionals. *TEACHING Exceptional Children*, 46（6）：197-205.

［10］ Antia, S. D. （1999）. The roles of special educators and classroom teachers in an inclusive school. *Journal of Deaf Studies and Deaf Education*, 4: 203-214.

[11] Buysse, V. & Wesley, P. W. (1993). The identity crisis in early childhood special education: A call for professional role clarification. Topics in *Early Childhood Special Education*, 13: 418-429.

[12] Creenberg, P. (1990). Why not academic preschool? *Young Children*, 45 (2): 70-80.

[13] Dinnebeil, L. A. & McInerney, W. (2000). Project DIRECT: Defining itinerant roles for early childhood teachers. A presentation at the national DEC conference. Albuquerque, NM.

[14] Dinnebeil, L. A., et al. (2001). Itinerant early childhood special education services: Service delivery in one state. *Journal of Early Intervention*, 24: 36-45.

[15] Sadler, Faith Haertig (2003). The itinerant special education in the early childhood classroom. *TEACHING Exceptional Children*, (3): 8-15

[16] Foster, S. & Cue, K. (2009). Roles and responsibilities of itinerant specialist teachers of deaf and hard of hearing students. *American Annals of the Deaf*, 153: 435-449.

[17] Guteng, S. I. (2005). Professional concerns of beginning teachers of deaf and hard of hearing students. *American Annals of the Deaf*, 150: 17-41.

[18] Miyauchi, Hisae & Gewinn, Wiebke (2021). Practices and perceptions of German itinerant teachers in the field of visual impairment: Exploratory research focusing on three types of itinerant services. *British Journal of Visual Impairment*, 39 (1): 53-63.

[19] Kluwin, T. N., Morris, C. S. & Clifford, J. (2004). A rapid ethnography of itinerant teachers of the deaf. *American Annals of the Deaf*, 149: 62-72.

[20] Lieber, J., et al. (1997). The impact of changing roles on relationships between professionals in inclusive programs for young children. *Early Education and Development*, 8: 67-82.

[21] Luckner, J. & Howell, J. (2002). Suggestions for preparing itinerant teachers: A qualitative analysis. *American Annals of the Deaf*, 147: 54-61.

[22] Luckner, J. & Ayantoye, C. (2013). Itinerant teachers of students

who are deaf or hard of hearing: Practices and preparation. *Journal of Deaf Studies and Deaf Education*, 18: 409-423.

[23] McMahon, E. (2014). The role of specialized schools for students with visual impairments in the continuum of placement options: The right help, at the right time, in the right place. *Journal of Visual Impairment and Blindness*, 108 (6): 449-459.

[24] McWilliam, R. (2002). Three innovative evidence-based practices for individualizing inclusion. Paper presented at the OSEP National Early Childhood Conference, Washington, DC.

[25] McLinden, Mike & McCracken, Wendy (2016). Review of the visiting teachers service for children with hearing and visual impairment in supporting inclusive educational practice in Ireland: Examining stakeholder feedback through an ecological systems theory, *European Journal of Special Needs Education*, 31: 4, 472-488.

[26] Miller, K. J. (2008). Closing a resource room for students who are deaf or hard of hearing. *Communication Disorders Quarterly*, 29: 211-218.

[27] Reed, S. (2003). Beliefs and practices of itinerant teachers of deaf and hard of hearing children concerning literacy development. *American Annals of the Deaf*, 148: 333-343.

[28] Yarger, C. C. & Luckner, J. (1999). Itinerant teaching: The inside story. *American Annals of the Deaf*, 144: 309-314.

[29] Morris C., Sharma U. (2011). Facilitating the inclusion of children with vision impairment: Perspectives of itinerant support teachers Australasian. *Journal of Special Education*, 35 (2): 191-203.

[30] Pogrund R L, Cowan C. Perceptions of a statewide mentor program for new itinerant vision professionals (2013). *Journal of Visual Impairment & Blindness*, 107 (5): 351-362.

[31] Luckner, J. L. & Howell. (2002). J. Suggestions for preparing itinerant teachers: a qualitative analysis. *American Annals of the Deaf*, 147 (3): 54-61.

[32] Christine, M. & Umesh S. (2011). Facilitating the inclusion of children with vision impairment: Perspectives of itinerant support teachers Australasian. *Journal of Special Education*, 35 (2): 191-203.

[33] McClelland, D. C. (1973). Testing for competence rather than for

"intelligence". *The American Psychologist*, 28 (1): 1-14.

[34] Broadfoot, P. (1987). *Teachers Conceptions of Their Professional Responsibility: Some International Comparisons. Comparative Education*, (3): 287-301.

中文参考文献

[1] 张悦歆, 王蒙蒙. 随班就读巡回指导教师制度研究进展和建议. 中国特殊教育, 2017 (11): 3-7, 13.

[2] 杨尊田. 轻度智力残疾儿童随班就读工作手册 [M]. 北京: 华夏出版社, 1992.

[3] 张福娟. 特殊教育史 [M]. 上海: 华东师范大学出版社, 2000.

[4] 王红霞. 巡回指导的理论与实践 [M]. 北京: 华夏出版社, 2017.

[5] 邓猛. 融合教育理论指南 [M]. 北京: 北京大学出版社, 2017.

[6] 邓猛, 李芳. 融合教育导论 [M]. 北京: 北京师范大学出版社, 2022.

[7] 马成成. 随班就读巡回指导教师工作叙事研究 [D]. 大连: 辽宁师范大学, 2021.

[8] 蒋丹林. 新课程背景下随班就读学生评估体系的构建 [J]. 现代特殊教育, 2006 (C1): 66-67.

[9] 李拉. 随班就读巡回指导的现实困境与对策 [J]. 现代特殊教育, 2012 (7): 31-33.

[10] 王艳杰. 巡回指导是推进融合教育的有效支持形式 [J]. 现代特殊教育, 2015 (4): 59-61.

[11] 王红霞. 融合教育巡回指导模式探索——基于北京市海淀区的实践 [J]. 现代特殊教育, 2016 (17): 16-18.

[12] 张悦歆, 等. 随班就读巡回指导工作现状及反思: 巡回指导教师的视角 [J]. 基础教育, 2019 (1): 63-72.

[13] 沙鹏. 我国特殊儿童随班就读巡回指导教师专业化发展的优化建议 [J]. 教师教育论坛, 2021 (2): 35-37.

[14] 赵庆. 普通学校特殊需要学生学业评价的思考与建议 [J]. 现代特殊教育, 2022 (1): 21-23.

[15] 吕雯慧. 金钥匙视障儿童随班就读实践的历史考察 (1987—2010) [D]. 上海: 华东师范大学, 2012.

[16] 王秀琴. 巡回指导教师在随班就读中的作用研究：基于北京市海淀区2011—2013年巡回指导工作的实践 [J]. 现代特殊教育, 2014 (7)：97-99.

[17] 王艳杰. 巡回指导是推进融合教育的有效支持形式 [J]. 现代特殊教育, 2015 (7)：59-61.

[18] 曾米岚. 我国台湾地区学前巡回指导教师工作的经验与启示 [J]. 现代特殊教育, 2018 (3)：78-80.

[19] 戴英妹. 分类施策，精心打造融合教育三个团队 [J]. 现代特殊教育, 2018 (5)：17-18.

[20] 沙鹏. 我国特殊儿童随班就读巡回指导教师专业化发展的优化建议 [J]. 教师教育论坛, 2021 (2)：35-37.

[21] 孙颖, 杜媛, 史亚楠, 等. 融合教育背景下巡回指导教师专业素养建构研究 [J]. 中国特殊教育, 2022 (6)：33-42.

[22] 王志强, 张浩然. 基于巡回指导教师视角的巡回指导能力指标体系建构研究 [J]. 中国特殊教育, 2022 (7)：71-81.

[23] 余玉珍, 尹弘飚. 香港融合教育政策下的教师专业发展 [J]. 华南师范大学学报（社会科学版），2014 (6)：44-49.

[24] 黄汝倩. 港澳台地区融合教育发展及课程政策比较 [J]. 现代特殊教育, 2021 (19)：76-79.

[25] 秦铭欢, 赵斌, 张燕. 我国台湾地区学前巡回指导的实践模式与启示 [J]. 现代特殊教育, 2020 (28)：49-54.

[26] 赵瑜, 孙欣. 浅谈视障学生随班就读巡回指导工作 [J]. 现代特殊教育, 2016 (1)：64-66.

[27] 王红霞, 王秀琴, 王艳杰, 等. 特教中心对促进区域融合教育发展的作用研究——以海淀区特教中心为例 [J]. 中国特殊教育, 2017 (4)：41-45.

[28] 朱楠, 王雁. 融合教育背景下特殊教育学校职能的转变 [J]. 中国特殊教育, 2011 (12)：3-8.

[29] 朱楠. 转型时期特殊教育学校教师专业发展内容再探讨——基于教师角色变革的视角 [J]. 教育学报, 2021 (2)：62-73.

[30] 胡金秀, 宿淑华, 孙跃. 江西省特殊教育学校"双师型"师资现状调查 [J]. 中国特殊教育, 2016 (8)：73-76.

[31] 丁勇. 专业化视野下的特殊教师教育——关于特殊教师教育培养目标和培养模式的研究 [J]. 中国特殊教育, 2006 (10)：69-73.

[32] 郑俏华. 论特殊教育学校师资队伍专业化发展策略 [J]. 中国特殊教育, 2005 (8): 81-85.

[33] 赵庆, 储昌楼. 巡回指导助力普通学校融合教育——兼谈落实《关于加强普通学校融合教育资源中心建设的指导意见》精神 [J]. 现代特殊教育, 2019 (19): 14-17.

[34] 汤明瑛. 视力残疾儿童随班就读巡回指导教师角色探究: 以角色理论为视角 [D]. 北京: 北京师范大学.

[35] 王重鸣, 陈民科. 管理胜任力特征分析: 结构方程模型检验 [J]. 心理科学, 2002 (5): 513-516, 637.

[36] 木冬冬, 胡慧贤, 董雪萍, 等. 巡回指导教师队伍建设的实践探索——以江苏省苏州市相城区为例 [J]. 现代特殊教育, 2022 (11): 27-29.

[37] 李拉. 融合教育学 [M]. 南京: 南京大学出版社, 2022.

[38] 孟春芳. 特殊教育多元融合的价值意蕴和实践向度 [J]. 教育学术月刊, 2019, (3): 82-87.

[39] 周满生. 关于"融合教育"的几点思考 [J]. 教育研究, 2014 (2): 151-153.

[40] 田澜, 龚书静. "积极参与": 家校结合新样态——以西方教育中的家长参与转向为鉴 [J]. 中国教育学刊, 2017 (1): 15-18, 49.

[41] 张俊, 吴重涵, 王梅雾, 等. 面向实践的家校合作指导理论——交叠影响域理论综述 [J]. 教育学术月刊, 2019 (5): 3-12.

[42] 马忠虎. 家校合作 [M]. 北京: 教育科学出版社, 2001.

[43] 张贵军, 阳泽, 董佳琦. 融合教育背景下特殊儿童家长参与学校教育活动的困境及突破 [J]. 绥化学院学报, 2020 (7): 17-20.

[44] 刘金霞, 苏慧. 国外家庭中心早期干预研究——基于要素分析 [J]. 绥化学院学报, 2019 (4): 133-136.

[45] 王任梅, 田昕灵. 基于重叠影响阈理论的家园合作路径探析 [J]. 湖北第二师范学院学报, 2019 (7): 78-81.

[46] 格雷恩·奥尔森, 玛丽·娄·福勒. 家校关系: 与家长和家庭成功合作 (第3版) [M]. 南京: 南京师范大学出版社, 2013.

[47] 吴重涵, 张俊. 制度化家校合作的国际比较: 政策、学校行动与研究支撑 [J]. 中国教育学刊, 2019 (11): 31-38.

[48] 傅国亮. 中小学家庭教育立德树人的理论与实践探索 [J]. 教育科学研究, 2019 (3): 94-96.

[49] 刘宇佳．立德树人视域下中小学家校合作模式的构建［J］．当代教育理论与实践，2018（3）：14-18．

[50] 李术．论全纳教育中的家长参与［J］．中国特殊教育，2004（4）：7-10．

[51] 朱丽，郭朝红．上海市中小学家校关系的现状、问题与建议——基于上海市家庭教育示范校首轮评估的分析［J］．上海教育科研，2018（11）：24-29．

[52] 彭兴蓬．融合教育的价值追求及社会支持系统的建立［J］．教育研究与实验，2014（3）：73-77．

[53] 杨茹，程黎．融合教育背景下特殊学生家校互动模式的质性研究［J］．教育学报，2018（2）：97-108．

[54] 翁盛，魏寿洪．香港融合教育中的家校合作机制及启示［J］．现代特殊教育，2016（4）：70-76．

[55] 张文京．融合教育与教学［M］．桂林：广西师范大学出版社，2013．